Aristarco, Daniele, 1977-
    Ellos dijeron no : historias de heroica desobediencia / Daniele
Aristarco ; ilustraciones Nicolò Pellizon ; traducción Gabriela García
de la Torre. -- Edición Miguel Ángel Nova. -- Bogotá : Panamericana
Editorial, 2021.
    200 páginas : ilustraciones ; 17 x 23 cm.
    Título original : Io dico no!
    ISBN 978-958-30-6311-4
    1. Palabras y frases 2. Personajes célebres - Anécdotas
3. Resistencia al cambio - Citas, máximas, etc. 4. Apotegmas 5.
Máximas I. Pellizon, Nicolò, ilustrador II. García de la Torre,
Gabriela, 1970-   , traductora III. Nova, Miguel Ángel, editor IV. Tít.
808.882 cd 22 ed.

Daniele Aristarco

Ellos dijeron *no*

Historias de heroica desobediencia

Primera reimpresión, agosto 2022
Primera edición en Panamericana Editorial Ltda.,
mayo de 2021
Título original: *IO DICO NO! - Storie di Eroica Disobbedienza*
© Daniele Aristarco
© 2018 Edizioni EL S.r.l., San Dorligo Della Valle (Trieste)
www.edizioniel.com
Derechos negociados a través del Agente Literario Ute Körner
www.uklitag.com
© 2020 Panamericana Editorial Ltda., de la versión en español
Calle 12 No. 34-30, Tel.: (57) 601 3649000
www.panamericanaeditorial.com
Tienda virtual: www.panamericana.com.co
Bogotá D. C., Colombia

Editor
Panamericana Editorial Ltda.
Edición
Miguel Ángel Nova
Ilustraciones
Nicolò Pellizzon
Traducción del italiano
Gabriela García de la Torre
Diagramación
CJV Publicidad y Edición de Libros
Diseño y diagramación de cubierta
Once Creativo S. A. S

ISBN: 978-958-30-6311-4

Impreso por Panamericana Formas e Impresos S. A.
Calle 65 No. 95-28, Tels.: (57) 601 4302110 - 4300355
Bogotá D. C., Colombia
Quien solo actúa como impresor.

Impreso en Colombia - *Printed in Colombia*

Daniele Aristarco

Ellos dijeron *no*

Historias de heroica desobediencia

Ilustraciones

Nicolò Pellizzon

Traducción

Gabriela García de la Torre

EDITORIAL
Colombia • México • Perú

Contenido

A manera de prólogo

Este es un libro sobre la libertad. Puedes leerlo *libremente*, saltando de una historia a otra, o toda en un solo sentido, como si fuera una novela. Una novela que empieza en un tiempo lejano y llega hasta nuestros días. Hasta ti.

Es una historia llena de giros inesperados, de oscuridad y de esplendor. Como toda historia que se respete, también esta tiene un protagonista, y aquí es la humanidad. O mejor, aquella parte que está compuesta por hombres y mujeres a los que llamamos *héroes*. ¿Qué tienen todos ellos en común?

Cada uno de los treinta y cinco personajes que estás por conocer ha influido de manera profunda en el curso de la historia. No todos han ganado su propia batalla, pero cada uno de ellos logró cambiar nuestra manera de pensar.

Incluso, algo más secreto los une: todos, frente a una injusticia, han dicho *¡NO!*

"¿Eso es todo?", te preguntarás. "¿Una palabra tan banal que todos los niños aprenden desde chiquitos y que a veces ni siquiera dejan de repetir? ¿Una consonante seguida de una vocal?".

En efecto, no basta con decir la palabra *no*; es necesario ser consecuente con ese rechazo asumiendo la responsabilidad respectiva. Me explico: después de haber dicho *no*, es indispensable actuar en consecuencia para toda la vida, no ceder nunca a la resignación ni al desánimo. El libro que tienes en las manos habla de esto, de la maravillosa aventura de estar vivo y de poder modificar la vida.

Este es un libro sobre la libertad. Puedes leerlo libremente o puedes elegir no hacerlo. Si lo haces, sabrás algo más sobre este precioso regalo, sobre el cuidado que requiere y sobre todas las peripecias que ha atravesado en el curso del tiempo. Descubrirás que cada uno de estos personajes no se ha batido por una sola causa, pero sí se ha opuesto a todo tipo de injusticias. Te darás cuenta de que cada *no* contiene todos los "noes" dentro de sí. Conocerás los triunfos y los fracasos de los hombres y mujeres que han vivido y han luchado por la libertad.

Y, sobre todo, te darás cuenta de que ahora te toca a ti.

Estimadas lectoras y estimados lectores de Panamericana Editorial:

Es un motivo de gran orgullo para mí saber que mis "desobedientes" desembarcan en el extranjero, en una tierra en la que han nacido y nacen mujeres y hombres animados por una gran voluntad de justicia y de belleza. Tras los protagonistas de *Ellos dijeron sí*, conocerán a mujeres y a hombres que han sabido decir *no* ante las injusticias y que han ofrecido soluciones. Su ejemplo es la luz viva que sabe iluminar incluso la noche más oscura, es la demostración de que, en los momentos más sombríos, también existe la posibilidad de reaccionar y desencadenar un futuro. Quisiera agradecerle a Panamericana Editorial por este regalo inesperado y también a mi casa editora, Einaudi Ragazzi, sin la cual este libro no habría salido jamás a la luz.

Feliz lectura y feliz desobediencia,

DANIELE ARISTARCO
11 de marzo de 2021, Roma.

No vivas en esta tierra
como un inquilino
o como en vacaciones
en la naturaleza.
Vive en este mundo
como si fuera la casa de tu padre,
créele al trigo, al mar, a la tierra,
pero, sobre todo, al hombre.
Ama a la nube, a la máquina, al libro,
pero, sobre todo, ama al hombre.

NAZIM HIKMET

Don't play what's there, play what's not there.

MILES DAVIS

Antes de comenzar

No a la obediencia: Prometeo

La noche de los tiempos

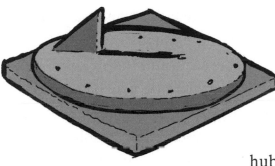

Era la noche de los tiempos. Es más, era incluso antes de que existiera el tiempo. Todavía no había sucedido nada interesante. Además, si hubiera sucedido algo, nadie se habría dado cuenta. Solo había oscuridad. Silencio. Vacío. Un gran aburrimiento.

Finalmente apareció Gea, la Tierra. Era inmensa, colorida, multiforme, espléndida. Y Gea dio a luz a un ser igual a ella: Urano, con su cielo en movimiento y lleno de estrellas. De inmediato, Gea y Urano se entendieron a las mil maravillas, tanto que decidieron formar una numerosa familia. Todos ellos eran seres extraordinarios e inmortales. No obstante, con el tiempo descubrieron que la vida en familia es complicada. De hecho, Urano estaba convencido de que, tarde o temprano, uno de sus hijos trataría de gobernar sobre los demás. Y sobre él también. Por esta razón, decidió encadenarlos y arrojarlos al lugar más profundo de la Tierra, en las entrañas de Gea. Empezó así una terrible guerra que Cronos, el Tiempo, ganó.

Él era un titán de veras poderoso, y, sin embargo, no había aprendido nada de la historia de su padre. De modo que, como él, empezó a temer que uno de sus hijos lo derrocara; así que empezó a devorarlos, uno por uno. De hecho, el Tiempo tiene ese poder: devora insaciable los meses, los años, la vida. Pero uno de sus hijos logró vencerlo: era Zeus. Lo primero que hizo Zeus fue encadenar a su padre, le ordenó que regurgitara a sus hermanos y corrió a liberar a los hijos de Urano de las entrañas de la Tierra. Al fin y al cabo, también eran familiares suyos.

Así que Zeus se dispuso a gobernar sobre todo y sobre todos. Se lo merecía. Pero los titanes no estaban de acuerdo. Se desató otra terrible guerra que también ganó Zeus. Dejó con vida a algunos de los titanes, pero les exigió obediencia absoluta. Luego repartió el mundo entre él y sus hermanos, y finalmente se estableció la paz.

Por un buen tiempo, todo transcurrió en absoluta tranquilidad. El titán Cronos se había dormido, amarrado a su cadena. Por dondequiera que se mirara, reinaba el silencio. Un gran aburrimiento.

Y entre los titanes quien más se aburría era Prometeo.

Un día, aburrido de esa nada, decidió hacer un juego. Tomó un poco de arcilla y esculpió un pequeño muñeco. Lo miró por un buen rato, pero no era tan divertido ver a un muñeco inmóvil. Entonces Prometeo tuvo una idea: sopló unas chispas de fuego divino en la arcilla y el muñeco cobró vida. Acababa de crear a los seres humanos. Los observó. Eran imperfectos. Eran mortales. Y eran muy ignorantes. De hecho, los primeros hombres no sabían hacer absolutamente nada, y dependían totalmente de

Prometeo. Se arrodillaron frente a él y empezaron a agobiarlo con quejas:

—¡Prometeo, tenemos hambre!

—¡Prometeo, tenemos sed!

—¡Prometeo, tenemos frío!

Quizá el titán tuvo piedad de estos seres tan desvalidos. O quizá se sintió responsable de ellos. El hecho es que desde ese día en adelante Prometeo pasaba todo el tiempo ayudando a los hombres. Les dio el agua y el fuego, la comida y la ropa. Luego, poco a poco, les enseñó a escribir, a fabricar casas y templos, y a domesticar a los animales. En fin. Incluso Prometeo debía recordarles que se bañaran. Ellos respondían que ya lo habían hecho, pero, las más de las veces, mentían sobre ello.

Un día, ese piar incesante de voces llegó a oídos de Zeus. Sabiendo que en él predominaba el carácter irascible, Prometeo les aconsejó a los hombres que se inclinaran ante él, y que le juraran obediencia. Y así lo hicieron los hombres. También sugirió que sacrificaran en honor a Zeus un enorme buey.

Pero los hombres se opusieron.

—¿No podríamos más bien sacrificar solo las orejas o la cola del buey? ¿O tal vez los cuernos? —dijo uno de ellos.

—¡Un buey entero me parece demasiado! —replicó un segundo hombre.

—¡Prometeo, tenemos hambre! —retomaron todos los demás en coro.

Prometeo encontró una solución. Le quitó toda la carne al buey, enrolló las partes más suculentas en la piel y escondió los huesos en la grasa. Le mostró las dos partes a Zeus y le propuso que escogiera una de ellas para él y la otra para los hombres. Zeus escogió la parte de la grasa.

Pero cuando se dio cuenta de la trampa en la que cayó, se puso furioso.

—No sé de quién fue la idea de esta broma, pero tengo mis sospechas —dijo el rey de reyes, lanzándole una mirada a Prometeo—. Por esta vez solo castigaré a los hombres.

Zeus les quitó el fuego a los hombres. Los dejó al frío y a la oscuridad, y le prohibió a Prometeo que los ayudara. Entonces, los hombres volvieron a quejarse ante su creador. Prometeo sintió pena por ellos y le pareció justo trasgredir las órdenes de ese prepotente Zeus. Por este motivo, se robó una chispa de la forja de Hefesto, el dios del fuego, y se la llevó a sus criaturas.

Pero nada escapaba a la mirada de Zeus. Prometeo sintió que estaba por caer sobre él un terrible castigo. Antes de ir al encuentro con su condena, quiso despedirse de los hombres.

—¿Y ahora quién nos defenderá de los castigos de los dioses? ¡Moriremos todos! —se quejaron de inmediato los hombres.

Prometeo se inclinó hacia ellos y les dijo:

—¡No hay motivo para tener miedo! Los dioses son poderosos e inmortales, pero ¡no han logrado vencer del todo a Cronos, el tiempo! Zeus, Hera, Hefesto…, llegará el día en que nadie los invocará. En cambio, ustedes los hombres no vencerán a la muerte, pero ¡sí al tiempo! ¡Usen la mente, las manos, el corazón! ¡Sean valientes y, ante la injusticia, desobedezcan! Así vivirán por siempre en el recuerdo de la humanidad.

Por su acto de desobediencia, Prometeo fue encadenado a una roca y sometido a un eterno suplicio. De día, un águila le

desgarraba el vientre para devorarse su hígado. De noche, el hígado reaparecía de nuevo, para gozo de la hambrienta ave. Ese atroz suplicio duraría toda la eternidad, según la orden de Zeus.

Pero un día Heracles pasó por ahí y reconoció de inmediato a Prometeo: conocía sus gestas y lo admiraba, y le pareció injusto que un benefactor de los hombres sufriera una condena tan atroz. Entonces desenfundó su arco, disparó una flecha y mató al águila.

Una vez liberado, Prometeo se preguntó cuál sería la reacción más apropiada ante Zeus: ¿debería retarlo? ¿Provocaría así una nueva guerra entre dioses y titanes para establecer una nueva supremacía?... ¿O quizá sería mejor resignarse a obedecer a su voluntad?

Decidió dirigirse al rey de reyes, inclinarse ante él y jurarle obediencia eterna. Pensó que ya el mundo estaba poblado con sus criaturas. Serían ellas quienes seguirían su ejemplo y quienes se encargarían de ejercitar el arte de la desobediencia.

¿Qué haré sin Eurídice?
NO A LA MUERTE: ORFEO
Época de los mitos

La barca de Caronte estaba amarrada a la orilla del río Estigia. Con modales bruscos y voz tenebrosa, el viejo demoniaco de piel verdusca y larga barba blanca embarcaba a las almas de los muertos para transportarlas hacia su última morada: el Hades, el reino del cual nadie regresa. Estaba por hundir el remo en el agua, cuando se dio cuenta de que, parado en la orilla, todavía quedaba un hombre.

Caronte lo escrutó con mirada de fuego. Sabía distinguir muy bien a un vivo de un muerto, esa era su tarea a final de cuentas, y ese hombre estaba vivo. Era muy alto, con abundante cabello plateado, los ojos azules y el cutis claro. Decidió ignorarlo. Estaba por empezar a remar, cuando el asombro le detuvo el gesto. Ese hombre había tomado en sus manos una lira de seis cuerdas y se puso a cantar. Era una melodía dulcísima y, al mismo tiempo, desesperada. Era inevitable escucharla. Y él la escuchó.

—¿Qué haré sin Eurídice? —cantaba el hombre—. ¿Adónde iré sin mi preciosa? ¡Eurídice! Responde...

Caronte quedó boquiabierto. Fue suficiente esa pequeña distracción para que algunos pasajeros intentaran amotinarse. Las almas rebeldes le saltaron al cuello y le daban puños y patadas, para tratar de que se cayera en el río Estigia. Pero el barquero sujetó con fuerza el remo en sus manos y, con algunos golpes bien asestados, logró encauzar a los insurrectos para que entraran en razón. Decididamente, su trabajo era ingrato. Luego, con voz terrible, se dirigió al cantante:

—¿Se puede saber qué quieres?

El hombre, sin dejar de tocar la lira, respondió:

—¡Quiero ir contigo! Soy Orfeo, hijo de Eagro, rey de Tracia, y de la musa Calíope. Con mi canto he domado a monstruos marinos, he encantado sirenas, he aplacado las tempestades. Con el llamado de mi lira los torrentes hicieron más lento su curso, los bosques movieron las ramas para aplaudirme y los pájaros quedaron fascinados y quisieron aprender de mí cómo se canta de verdad. A veces, algún petirrojo voló feliz con mi música, pero, embriagado por su danza, perdió el sentido y se precipitó al suelo. Pero ¡ahora soy un hombre desesperado!

Entonces Orfeo prosiguió a narrar su propia desventura: a la ninfa Eurídice, su joven y amadísima esposa, la había mordido una serpiente que estaba escondida entre la hierba alta, y la ninfa murió a causa de ello. Él no deseaba otra cosa que encontrarse con ella en el reino del cual nadie regresa.

Caronte ya iba a contradecirlo, pero Orfeo empezó de nuevo a tocar su lira y, sin siquiera pedirle permiso, se acomodó en la barca. Y así Caronte lo transportó junto a los muertos hasta la otra orilla. Una vez desembarcaron, las almas de los difuntos siguieron a Orfeo, que se adelantó con paso veloz.

Caronte estaba atónito consigo mismo. Ese canto logró dominarlo, pero no tuvo tiempo de entender cómo fue posible aquello, porque ya Orfeo estaba de regreso. Y no estaba solo. Detrás de él venía una mujer envuelta en un velo blanco. Y detrás de la mujer estaba el dios Hermes, el mensajero de los dioses.

—Vuelve a llevarnos a la otra orilla —le instó Orfeo.

—¡Obedece! —ordenó Hermes.

A Caronte no le quedó otra alternativa que obedecer. Durante todo el viaje, Orfeo estuvo sentado en la proa, canturreando a media voz.

—¿Puedo saber qué sucede? —preguntó Caronte, molesto.

—¡Logró persuadir a los dioses del Hades! —respondió Hermes—. Al sonido de su lira, Cerbero, el espantoso perro de tres cabezas, se acurrucó a sus pies y se los lamió con las tres lenguas. Hades y Perséfone, los dioses del más allá, rompieron en sollozos y le concedieron llevarse a Eurídice con él. Pero con la condición de que él nunca debía voltearse a mirarla antes de llegar al mundo de los vivos.

Caronte echó un vistazo veloz al rostro de la mujer, oculto tras el velo. ¡Cuán bella era! Aunque tenía los rasgos delicados de una belleza gentil, se dejaba entrever cierta preocupación. Cuando la embarcación llegó a la otra orilla, Orfeo saltó a tierra y, sin mirar atrás, se encaminó por la ruta que nadie había tomado de regreso. Volvía a la vida. Detrás de él seguían Eurídice y Hermes. A este último le correspondía la tarea de vigilar que todo sucediera según lo pactado.

De nuevo solo, Caronte pensó que, si no hubiera sido el "terrorífico barquero de las almas muertas", él mismo habría tenido miedo de aquel hombre. O de su arte. ¿De verdad era suficiente cantar para obtener todo lo que deseara? ¿Así de poderosos eran el canto y la poesía? ¿Tanto como para derrotar a la muerte?

Todavía permanecía inmóvil al hacerse esas preguntas, cuando vio a Hermes y a Eurídice, que venían hacia él. Una vez más, le faltó tiempo para preguntarles qué había ocurrido, cuando ellos ya respondían.

—Se volteó a mirar —dijo Hermes.

—¿Por qué? —preguntó Caronte, totalmente atónito.

Eurídice elevó la blanca mano en un gesto vago, como diciendo "déjalo así". Estaba alterada, pero logró narrar lo sucedido con un hilo de voz:

—Habíamos llegado al umbral que separa este mundo del otro. Estaba lista para volver a la vida, cuando Orfeo no pudo evitar voltearse. Quizá tuvo un momento de duda o ese deseo irresistible que nos empuja a hacer justamente aquello que nos está prohibido. Logramos mirarnos a los ojos por una última vez.

Por segunda vez, el barquero Caronte la transportó al reino de los muertos.

Orfeo estaba a un paso de vencer su reto a la muerte, ¿por qué se volteó a mirarla?, se preguntaba Caronte, sin lograr una respuesta.

Cuando hubo regresado al mundo de los vivos, Orfeo decidió que nunca amaría a nadie más. Algunas mujeres quedaron prendadas de él y, presas de un ímpetu de locura, lo mataron y arrojaron su cabeza al río Ebro, junto a su lira. Pero la cabeza cayó justamente encima del instrumento y continuó cantando mientras flotaba. Hasta que Zeus, conmovido, puso el instrumento en el cielo. Así nació la constelación de la Lira. Todavía hoy, si se pone mucha atención durante las noches de verano, se puede escuchar el canto de Orfeo.

La historia de amor entre Orfeo y Eurídice pasó de boca en boca, milenio tras milenio, de modo que vive aún entre nosotros. Orfeo donó a los hombres una invención inmortal, inaccesible a los dioses: la poesía. A fin de cuentas, todavía hoy el arte es el único medio que les queda a los hombres para decir *no* a la muerte.

Un detalle relevante
No a la incoherencia: Sócrates
399 a. C.

Un banco de niebla se ponía cada vez más denso en las pendientes de la colina del Areópago, en Atenas.

Parecía que, de un momento a otro, toda la polis fuera a desaparecer; que esa ciudad, hasta ahora el orgullo de toda Grecia por su belleza y el amor que profesaba por la sabiduría, estuviera a punto de ser devorada por la bruma.

Había un extraño silencio, ese día, en la colina. Y, sin embargo, estaba repleta de una multitud de atenienses, deseosos de asistir al juicio. La humanidad tiene "una debilidad" por los juicios, especialmente cuando se acusan a personas notables que desempeñan cargos de cierta consideración y, todavía más, si está en juego una condena grave.

Pero ese día la ciudad de Atenas estaba por juzgar a un simple ciudadano. Se llamaba Sócrates y era un hombre anciano, corpulento y medio calvo. Vestía una burda túnica y caminaba descalzo. No desempeñaba ningún cargo público. No parecía un criminal peligroso ni poseía los rasgos refinados de un pensador.

Parecía más bien un hombre del pueblo, un amante de los banquetes y del buen vino. Y entonces, ¿por qué se reunió tal cantidad de curiosos al evento?

Alguien había estimado que Sócrates era un peligro para la ciudad y, en consecuencia, decidió denunciarlo.

"Sócrates es culpable de no reconocer a los dioses que la ciudad reconoce y de haber introducido nuevas divinidades. Además, es culpable de haber corrompido a los jóvenes. Se solicita la pena de muerte".

Esa era la grave acusación contra él. Quienes la presentaron fueron Meleto, un poeta mediocre; Licón, un político, y Ánito, el más astuto de los tres.

Sócrates había decido defenderse solo, nada de abogados para él: ¡si algo sabía, era hablar! Amaba las palabras y nunca usaba las más complicadas. Las escogía con cuidado; sobre todo, se divertía desarmándolas, buscando el sentido más profundo de los conceptos y develando el inmenso poder que poseían.

Según sus acusadores, Sócrates usaba las palabras para criticar todas las ideas sobre las cuales se basaba la vida de la ciudad. No era una acusación para nada pequeña...

Para defenderse, el hombre empezó a contar cómo logró crearse tantos y tan poderosos enemigos en la ciudad. Y toda Atenas estuvo atenta escuchándolo.

Años atrás, su amigo Querefonte viajó a Delfos. En el templo de esa ciudad vivía un sacerdote del cual se decía que hablaba en nombre de un dios. Querefonte le preguntó a ese dios si había en el mundo un hombre más sabio que Sócrates. El oráculo le respondió que nadie era más sabio que Sócrates.

—Cuando supe de esa respuesta, me hice esta reflexión: "¿Qué quiere decir esta divinidad? ¡Yo sé muy bien que no soy un sabio! Y, sin embargo, el dios no miente..., ¡un dios no puede mentir!".

Y tuvo una idea: iría a buscar, en toda la ciudad, a los verdaderos sabios. Comparado con ellos, saldría a la luz su ignorancia, de modo que demostraría que las palabras del oráculo estaban erradas.

En primera instancia fue adonde los políticos, que en toda Atenas gozaban de la fama de ser hombres sabios. Luego, fue adonde los escritores y, después, adonde los artistas. Descubrió que cada uno de ellos tenía un conocimiento de veras limitado y solo en el ámbito de sus intereses. Los políticos entendían de política; los artistas, de arte, y así sucesivamente. E incluso, en su propio campo, su conocimiento era bastante limitado. No obstante, en compensación, cada uno estaba convencido de ser el hombre más sabio del mundo.

Solo al final Sócrates logró comprender el sentido de las palabras del oráculo. Como otros hombres, él no poseía ningún conocimiento realmente útil. Pero mientras los artistas se consideraban sabios, Sócrates se juzgaba ignorante. Esa era la forma más alta de conocimiento posible: saber que no sabía.

Sin embargo Sócrates cometió una imprudencia. Con sus preguntas demostró una realidad perturbadora: la ciudad estaba gobernada por ignorantes. Los jóvenes que lo escuchaban quedaron fulminados con aquella revelación y ellos también comenzaron a ir por ahí en la ciudad haciendo preguntas. Por este motivo, Sócrates fue acusado de haberlos corrompido, de haberles influido negativamente el pensamiento. Pero ¿quién lo acusaba de un crimen así de grave? Meleto, Licón y Ánito, es decir, ¡tres de las autoridades que Sócrates había avergonzado frente a todos!

—Sócrates no tiene mucho que enseñar —dijo.

Sentía que el deseo más profundo de los hombres siempre fue el de ser "inmortales". Y él también era un hombre y lo deseaba en la misma medida. Por este motivo se preguntó largamente sobre este tema y, al final, llegó a la conclusión de que solo había una manera de lograrlo. Esta conclusión se la contó a sus amigos, años atrás, durante un banquete:

—Se debe parir lo Bello y lo Bueno. Cada uno hace de todo para asegurar la inmortalidad: hay quien la busca a través de la gloria, otro que se ilusiona con obtenerla teniendo hijos a quienes transmitir su nombre y quien, fecundo en el alma, deja huellas de sí en obras de ingenio. Pues bien, este es el camino adecuado: empezar a reconocer y a amar la belleza que nos rodea, cultivar el propio cuerpo y luego, poco a poco, aprender a cultivar la mente, desprendida de las cosas materiales, hasta alcanzar el verdadero conocimiento, el Bien absoluto.

Y, bueno, a quien lo acusaba de no respetar a los dioses o de haberse inventado unos nuevos le objetó que nadie conocía sus sentimientos religiosos. Se trataba de algo profundo, invisible, de un sentimiento que no se podía llevar al tribunal. Sí, es cierto, algunas veces había hablado de un "daimon", un pequeño genio o demonio que le hablaba con frecuencia, sugiriéndole qué hacer y qué no hacer. Pero quizá esa voz no era más que su conciencia.

Cuando terminó de hablar, el acusador pidió que al imputado se lo condenara a pena de muerte. En cambio, Sócrates pidió que el Estado le reconociera una pensión de por vida por todos sus méritos. Con una aplastante mayoría de votos, Sócrates fue condenado.

—Si hubiera esperado un poco, eso mismo habría llegado por sí solo —comentó él, ironizando sobre su avanzada edad.

Sócrates aceptó la condena. No tenía miedo a la muerte; no la conocía, pero tampoco podía excluir que se dirigiera al encuentro de algo mejor que la vida. Tal vez iría hacia otro mundo más luminoso.

—No le puede suceder nada malo a una persona buena, ni viva ni muerta —concluyó—. Pero ya ha llegado la hora de partir,

yo a morir, ustedes a vivir: ¡si entre ustedes alguien va hacia aquello que es mejor, es oscuro para todos, menos para el dios!

Transcurrieron las últimas horas antes de la ejecución en compañía de sus amigos, que habían llegado a la cárcel para acompañarlo.

Uno de ellos, Critón, se le acercó para susurrarle al oído:

—Hemos organizado tu fuga, Sócrates. Logramos reunir dinero. Sobornaremos a los carceleros, te dejarán salir y luego te llevaremos lejos de Atenas. ¡Tenemos muchos amigos que estarían felices de hospedarte!

Pero Sócrates rechazó la fuga. Debía ser "coherente": las acciones debían corresponder a los pensamientos. Y él creía que no sería justo aceptar una sentencia y respetar la ley solo si ella le hubiera dado la razón.

—Nunca se debe cometer una injusticia, ni siquiera cuando es uno quien la recibe —explicó Sócrates.

Había llegado la hora. El carcelero le entregó una copa que contenía un potente veneno. Él lo bebió. Pronto la bebida comenzó a hacer efecto. Sócrates se recostó. Sintió un hormigueo en los pies, luego subió por las piernas y llegó a los brazos. Una espesa niebla le ciñó el cuerpo y la mente. Sócrates se durmió para no despertar jamás.

Había criticado las ideas que fundamentaban la vida de su ciudad. Sostuvo que el hombre debe ser humilde y esforzarse para seguir solo lo Bello y lo Bueno. Por estos motivos fue condenado. No obstante, ya no podría hacer sus incómodas preguntas y pronto nadie se acordaría de él. Al menos esto era lo que creían sus acusadores.

Pero los enemigos de Sócrates descuidaron un detalle importante: entre la multitud de espectadores que había en el juicio, estaba Platón, un discípulo querido. Ese joven, que se convertiría en uno de los filósofos más importantes de la historia, era un gran escritor.

Como fiel reportero, Platón transcribió todas las palabras del juicio y narró los días que sucedieron a la condena. Además, gracias a él llegaron a nosotros todas las enseñanzas de Sócrates. A través de los escritos de Platón, Sócrates venció a sus acusadores. Y se volvió inmortal.

NO A LA ESCLAVITUD: ESPARTACO

73 a. C.

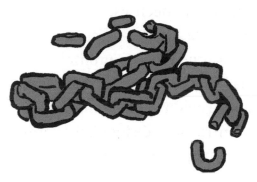

Nació en Tracia, en el año 109 a. C. aproximadamente. No recordaba exactamente dónde ni cuándo. En una época fue un hombre libre. También tenía un nombre, pero ya eso no importaba. Cneo Cornelio Léntulo Batiato lo adquirió como esclavo y decidió darle un nuevo nombre: ahora se llamaba Espartaco.

Cuando los romanos conquistaron Tracia, su tierra, él decidió alistarse como voluntario en su ejército. Pero poco después desertó, cansado de la violencia y los abusos que los romanos perpetraban en las guerras. Pronto volvieron a capturarlo y lo redujeron a la esclavitud.

A los romanos les encantaba capturar esclavos. Desde que empezaron a andar por ahí conquistando el mundo, necesitaban cada vez más esclavos, para cultivar, cuidar el ganado u ocuparse de la casa. Y también, esclavos para divertirse en el tiempo libre.

A Léntulo Batiato le bastó solo un instante para decidirse a comprar a Espartaco para llevarlo consigo a Capua; ese hombre era perfecto para él.

En la ciudad de la Campania emergía una enorme edificación resguardada tras muros altísimos, una torrecilla y soldados de guardia. Cuando Espartaco llegó allá, encadenado y transportado en una jaula, Batiato le dio un discursito.

—Debes saber que eres un hombre afortunado —le dijo—. Si te hubiera comprado el dueño de un latifundio, te habrían tocado veinte o treinta años de duro trabajo en los campos. En cambio, yo soy un "lanista". ¿Sabes qué quiere decir eso? Que tengo una barraca, una verdadera escuela de gladiadores. Y, créeme, los gladiadores son muy afortunados, ¡porque mueren pronto!

Atravesaron una serie de cercas hasta llegar a una gran plaza. Aquí Batiato le mostró su nueva adquisición al *commentarius magister*, brutal exoficial del ejército y entrenador de los gladiadores.

—Tiene un físico fuerte, pero es pequeño de estatura —observó el entrenador.

—Pero parece que es ágil —respondió Léntulo—. Es un tracio, démosle equipo de tracio y que pelee contra un murmillo.

Había varias categorías de luchadores, dependiendo de las características físicas del equipo. A Espartaco le entregaron un escudo rectangular, casco y una espada pequeña y curva, la *sica supina*. Entonces lo empujaron a un círculo de tierra apisonada. Frente a él estaba un gigante con un físico poderoso. En la parte del frente del casco tenía grabado un *murmillo*, es decir, un pez. Por esta razón, a este tipo de gladiador le decían "murmillo". El casco le escondía el rostro. Con una mano empuñaba el gladio, famosa espada corta. El resto del cuerpo estaba casi totalmente protegido por un *scutum*, el escudo que la infantería llevaba a la guerra. Una vez más, los romanos lo obligaban a matar.

Bajo el sol de Capua, esos dos hombres que jamás se habían visto antes lucharon con ferocidad. Espartaco aprovechó que la sica era un cuchillo curvo para burlar el enorme escudo del adversario y atestar por el lado del cuerpo. No obstante, por un momento perdió el equilibrio y cayó al suelo. El murmillo se le fue encima. Estaba a punto de hundirle el gladio en el pecho, cuando la voz de Léntulo lo interrumpió:

—¡Quieto! ¡Acabo de comprarlo, no me lo dañes!

El hombre volvió a enfundar la espada, se puso de pie y se quitó el casco. Era de piel oscura, muchas heridas surcaban su rostro y solo tenía un ojo.

Desde ese día, empezó para Espartaco una vida de cansancio y miedo. Aunque los duelos no eran a muerte, con frecuencia le ocasionaban heridas dolorosas y fracturas de huesos. Espartaco se volvió más fuerte y hábil con las armas, pero se apoderó de él un profundo desconsuelo. Esa no era una vida humana, se decía, mientras con el recuerdo regresaba a su juventud, libre y despreocupada, entre las montañas que se yerguen en medio del mar de Tracia.

La única pausa de descanso en la jornada era el almuerzo. En ese momento, Espartaco observaba a los comensales, tratando de ver si en sus rostros podía leer su estado de ánimo.

Un día, vino a sentarse frente a él el murmillo, su primer adversario. Ese gigante se tomaba su sopa de cebada con la cabeza inclinada en el plato y parecía resignado.

No sabían nada el uno del otro y, sin embargo, estaban obligados a entrenarse para masacrarse entre sí. ¿Por qué? ¡Para diversión de los romanos! En el fondo, la vida en el ejército era mejor.

¡Al menos allí no se asesinaban entre amigos! Espartaco pensó que debía actuar; no quería resignarse a esa vida inhumana.

De repente, el gigante levantó la cabeza y lo miró fijamente con su único ojo. Era como si hubiera entendido el razonamiento de Espartaco, como si hubiera escuchado cada sílaba. No tuvieron necesidad de hablar para entenderse.

Espartaco se puso de pie de un salto y gritó con todas sus fuerzas. Gritó su verdadero nombre. Nadie entendió ese sonido antiguo, en esa lengua desconocida.

—¡Vamos, grita tu nombre! —le dijo Espartaco al gigante.

El gigante se puso de pie y gritó su nombre. Y después de él, todos los demás empezaron a gritar. De nuevo eran hombres y ya no objetos de propiedad de alguien.

Fue el inicio de la revuelta. Con los puños desnudos, los gladiadores agredieron a los guardias, que estaban desprevenidos. Asaltaron la cocina y se hicieron a pinchos de asadores y cuchillos para apuñalar a sus carceleros. En muy breve tiempo lograron destruir todo el cuartel. Tomaron armas y caballos y volvieron a obtener su libertad.

Durante tres años seguidos, Espartaco guio a esos hombres contra el ejército romano. Por donde pasaban, nuevos esclavos se sublevaban y se les unían. Ahora el nombre de Espartaco no solo era el de un esclavo, sino que era el grito de batalla de todos los rebeldes, la palabra que los hacía sentir hombres libres.

Luego, los romanos sofocaron cruentamente la revuelta. Asesinaron a Espartaco, igual que a todos sus compañeros, en el campo de batalla. Pero todavía hoy hay quien grita su nombre. Esa batalla sigue vigente.

La lección

No al fanatismo religioso: Hipatia

415 d. C.

Una figura, rápida y menuda, atravesaba el compacto laberinto de calles de Alejandría, en Egipto. Vestía un tribón, la túnica de tela cruda que, en general, usaban los filósofos. Detrás de ella iba un esclavo. De repente, los dos se encontraron de frente con una pelea entre cristianos y judíos. Piedras, palos y palabras afiladas volaban de un lado al otro de la calle.

—Vamos, rápido, doblemos esta esquina —susurró la figura misteriosa al esclavo, mientras desaparecía por un callejón oscuro.

Finalmente desembocaron en una plaza donde, hasta poco tiempo atrás, habían surgido templos paganos. Espléndidas construcciones de mármol, ricamente decoradas, un espectáculo de colores mutables, como las gradaciones de la luz en Egipto. Por largo tiempo, Alejandría fue una de las capitales de la belleza y el saber. En cambio ahora todo estaba camino a la ruina.

Cuando el emperador Teodosio se convirtió al cristianismo, prohibió todo culto pagano. Y los cristianos empezaron a perseguir a las otras religiones: tumbaban estatuas y templos, y quemaban preciosos manuscritos de autores paganos.

El prefecto romano Orestes no pudo hacer nada contra esta violencia. El Imperio romano de Oriente ya estaba en plena decadencia y de ello se estaba aprovechando el obispo Cirilo. Todos los días, desde el púlpito de la catedral, ese hombre predicaba la supremacía de los cristianos sobre los fieles de todas las demás religiones, y los incitaba a que usaran la fuerza para imponerles a los demás su propia fe. En los últimos tiempos, Cirilo había comenzado a pasear por la ciudad con su pequeño ejército, compuesto exclusivamente de "parabolanos", es decir, un grupo de fanáticos bastante violentos, dispuestos a morir por defender su religión. Con el tiempo, el obispo se fue convirtiendo en el verdadero dueño y señor de la ciudad. Solo una persona le quitaba todavía la tranquilidad...

—Bien. Detengámonos aquí —dijo la figura.

De inmediato, su esclavo batió las palmas para llamar la atención. A esa señal, una multitud se reunió a los pies de las escalinatas. La figura misteriosa descorrió levemente el tribón del rostro y empezó a hablar. Era una mujer bellísima. El cabello negro y ondulado le cubría los hombros. Los ojos y la piel eran claros y su perfil, imponente. Su cuerpo daba la sensación de fuerza y armonía al mismo tiempo. Era Hipatia.

Matemática, astróloga, científica y filósofa, Hipatia era conocida y admirada por su vasto saber. Ella dirigió el importante Centro de Estudios de Alejandría, antes de que los cristianos lo destruyeran, junto a preciosos pergaminos que estaban adentro. Todos los jefes de la ciudad se dirigían a ella cuando necesitaban consejo sobre temas complejos. Incluso Orestes, con frecuencia, le consultaba sus dudas.

En cambio, el obispo Cirilo le tenía miedo. Le atemorizaban el valor y la inmensa erudición de Hipatia. Por este motivo, no perdía ninguna oportunidad para atacarla. De hecho, él sostenía que una mujer no debería ser tan libre y descarada como para hacer alarde de su inteligencia. Más de una vez trató de convertirla al cristianismo y, encima, le sugirió que se encerrara en un convento y que dejara de andar por ahí "haciendo de maestra". No obstante, para Hipatia cualquier religión representaba un freno a la libertad de pensamiento y no podía tolerar que alguien le dijera lo que debía o no debía hacer. Y esa mañana lo estaba demostrando.

Subió las escalinatas que conducían a las míseras ruinas de un templo, se volteó hacia la plaza y dijo:

—¡Saludos, conciudadanos, empezamos nuestra lección de hoy!

La multitud escuchaba con atención, en absoluto silencio, las palabras de Hipatia. Más de uno la miraba con ojos enamorados. Pero Hipatia jamás quiso unirse a nadie: su único y gran amor era el conocimiento. Y la libertad. Mientras en su ciudad había guerra, ella, trasgrediendo toda prohibición, se movía libremente. En cada esquina, en cada plaza, dondequiera que hubiera alguien dispuesto a escucharla, se detenía a compartir su conocimiento. Hablaba sobre el movimiento de los astros; sobre la teoría de Tolomeo, que decía que el centro del universo era la Tierra, y sobre la teoría de Aristóteles, que ponía al Sol en el centro. Ilustraba sobre los principios del cálculo matemático. Y recitaba de memoria los diálogos socráticos escritos siglos antes por Platón.

Mientras su ciudad se enloquecía, Hipatia sembraba con cuidado semillas de una nueva sabiduría. Les enseñaba a sus conciudadanos a leer el cielo, a comprenderse a sí mismos y al mundo. Y hacía aún más: les enseñaba a desobedecer.

Cuando Cirilo lo supo, reunió a sus fieles y les dio un sermón desde lo alto del púlpito:

—Hipatia es una desvergonzada, un deshonor para nuestra ciudad —gritaba—. No respeta las reglas, no se comporta como debería hacerlo una mujer. ¡Hay que darle una lección!

En su enardecido sermón, el obispo dio a entender que la verdadera prefecta de Alejandría era Hipatia y no Orestes, pues al parecer este último se limitaba a cumplir las órdenes de la mujer porque estaba enamorado de ella. Eran acusaciones vulgares e infundadas. Pero entre quienes escuchaban arrobados el discurso se encontraban los parabolanos.

En el mes de marzo del 415 Hipatia se estaba desplazando por la ciudad en su carro. Súbitamente sintió que la halaban del cabello. Un parabolano saltó al carro, mientras otros detenían el galope de los caballos. Después, muchas manos la agarraron. La arrastraron a una iglesia y allí la asesinaron.

¿Por qué lo hicieron? Quizá irritaba a los parabolanos, porque era una mujer demasiado libre e independiente. O quizá la influencia de ella perturbaba cada vez más a Cirilo, porque ella era la única que de veras merecía gobernar Alejandría. Quizá fue Cirilo quien ordenó su muerte. O quizá fue una iniciativa de quienes estaban exaltados. La investigación fue demasiado rápida y el caso se cerró sin que hubiera un solo arresto o un culpable.

Nos queda muy poco del pensamiento, descubrimientos o incluso palabras de Hipatia. Los cristianos siguieron quemando libros: entre ellos estaban los de Hipatia. Y quizá fue esta la peor condena que le infligieron: impedir entregarles a las generaciones futuras su inmenso saber.

La túnica amarilla

No al dogmatismo:
Giordano Bruno

17 de febrero de 1600

¿Quién no tendría miedo del juicio de la Inquisición?

Un tribunal común juzga a un hombre con base en sus acciones. En cambio, el tribunal de la Inquisición lo juzgaba con base en sus ideas. Y no había jueces, sino cardenales. A ellos les correspondía la delicada tarea de establecer si las ideas de un hombre eran justas o erradas. ¿Cuál era el criterio para hacerlo? Las ideas justas eran aquellas que concordaban con lo que estaba escrito en la Biblia. Las ideas erradas divergían de la Biblia o, mejor, de la lectura que le daba la Iglesia a la Biblia.

Cuando el acusado demostraba tener ideas "equivocadas", la Inquisición lo declaraba hereje. Esa antigua palabra significaba 'el que elige una opción'. En suma, para la Iglesia, los principios no podían ponerse en duda: eran dogmas. Quien elegía rechazarlos o buscar una propia verdad era un hereje y estaba renunciando a la salvación de su alma.

Y era tarea de la Inquisición salvar esa alma, antes de que fuera demasiado tarde. Para hacerlo, el tribunal disponía de dos instrumentos: o lograba convencer al hereje de estar equivocado y lo obligaba a "abjurar", es decir, a renunciar a sus ideas, o lo condenaba. En los casos más graves lo condenaba a muerte.

El monje y filósofo Giordano Bruno estaba de pie frente al tribunal de la Inquisición. Era un hombre cansado, su cuerpo había sufrido siete años de cárcel. Pero ahora había llegado el fin de su proceso. El tribunal estudió con atención sus escritos, recogió información por su cuenta e interrogó a todos quienes lo habían conocido. Él mismo fue interrogado muchas veces y torturado para que confesara haber pensado y escrito obras contrarias a la Biblia.

Ese monje, desde cuando estaba en el seminario, se había interesado más en la filosofía que en la religión. Leía libros prohibidos, ponía en duda los fundamentos sagrados de la religión. Y no solo eso: viajaba por el mundo y se había vuelto muy popular; muchos pensaban que era un mago o el filósofo más importante de su época. Escribió ensayos y comedias, fue un hombre libre y curioso y, sin lugar a dudas, un genio.

Pero desde hacía un tiempo, la Iglesia estaba en peligro y no podía tolerar más teorías chifladas. Todos los días, en cada rincón de Europa, nacía una nueva religión. Protestantes y calvinistas habían apartado de la Iglesia a demasiados fieles. ¡Y ahora un monje andaba por ahí diciendo que creía en la reencarnación, que la Tierra no era el centro del universo y que jamás habría un juicio final!

En efecto, Giordano Bruno creía que, después de la muerte, los hombres serían juzgados por Dios con base en sus acciones en la vida. "Si el alma es inmortal, no puede morir —sostenía el monje—, ¡debe continuar viviendo eternamente encarnado en formas siempre nuevas! Quizá, por qué no, ¡en la de un animal, de nuevo en un hombre o en una mujer!".

Tenía una mente visionaria y podía imaginar, casi ver, cosas extraordinarias. Se figuraba, por ejemplo, que el universo era infinito, que en ese infinito rotaban y se movían un número infinito de planetas. No existía ningún centro, sino millones de soles y de lunas y de planetas.

Eran teorías muy seductoras y cualquiera habría podido apreciarlas. Por este motivo, la Iglesia pretendía que él se retractara. O abjuraba de sus teorías o lo mataban.

—¡O renuncias a tus ideas o serás ajusticiado! —le gritó exasperado uno de sus cardenales.

De hecho, desde hacía años, Bruno cambiaba continuamente de idea. Primero decía que estaba dispuesto a renunciar a sus propias teorías. E inmediatamente después cambiaba de opinión y volvía a solicitar discutirlo con los inquisidores o, incluso, con el papa.

—Te pedimos solo esto. Se trata de un rito muy simple que seguramente ya conoces.

Debía vestir una túnica amarilla, es decir, un camisón amplio, y llevar un cirio en la mano en una procesión hasta la plaza de la Minerva, y allí, frente a todos los romanos, se arrodillaría.

Durante esa ceremonia pública juraría renunciar a sus propias ideas. Y después sería libre.

Giordano Bruno permaneció en silencio, como si todavía estuviera sopesando una alternativa. O la humillación pública o la muerte. Él, una de las mentes más geniales de su época, debía arrodillarse y pedir perdón frente a un pueblo ignorante.

Sin embargo pensó que había algo muy extraño en ese proceso. Después de años de instrucción, los jueces le pedían al condenado que estableciera su propia pena. Miró fijamente a los cardenales: ya los conocía bien, los había visto envejecer detrás de esos escritorios, sentados en sus pesados tronos. No obstante, seguían acusándolo con la misma obstinación del primer día.

Giordano Bruno los miró directamente a los ojos y les dijo:

—No debo ni quiero arrepentirme y no sé de qué deba arrepentirme…

Había hecho su elección. Y fueron sus propios jueces quienes lo ayudaron a elegir.

Cuando lo metieron en la cárcel, Bruno todavía era un filósofo que buscaba la verdad. Había elaborado ideas y seguiría haciéndolo si hubiera sido un hombre libre. Pero el papa ordenó arrestarlo. Este era un hombre poderoso y, no obstante, tenía miedo de las ideas de Bruno. También los cardenales y toda la Iglesia temblaban frente a sus afirmaciones. Pero si esos hombres así de poderosos tenían miedo, entonces eso quería decir que su pensamiento no era solo peligroso, ¡sino que también era correcto!

Y, sobre todo, eran las ideas de esos hombres las que estaban erradas. Se consideraban a sí mismos personas de fe, pero practicaban la violencia. No podía ser esa una verdadera fe. Giordano Bruno nunca podría aceptar sus dogmas.

El 8 de febrero de 1600, los jueces leyeron la sentencia:

—Declaramos que Giordano Bruno es un hereje impenitente y obstinado, y se considera indigno de la misericordia de la Iglesia. ¡Ordenamos que se quemen todos los libros que ha escrito este monje!

Además, fue condenado a arder en la hoguera. No renunció a sus ideas y por eso sería quemado con ellas. Mientras los guardias lo llevaban, Bruno dejó escapar hacia los jueces una frase terrible:

—¡Quizá ustedes tiemblen más al pronunciar esta sentencia que yo al escucharla!

El 17 de febrero le taparon la boca con una correa de cuero, para que no pudiera hablar, y lo condujeron a la plaza del Campo de Fiori, donde lo esperaba el fuego.

Sus cenizas fueron esparcidas en el río Tíber.

No al oscurantismo: Denis Diderot

1751-1772

Para Denis Diderot había llegado el momento de elegir: o la conserva de cerezas o la historia. Era, de veras, una decisión muy difícil.

Madame Geoffrin lo estaba esperando para la consabida cena. Un lunes cada dos semanas era el invitado de honor de la rica y anciana viuda en su prestigioso salón literario en Rue Saint-Honoré, en París. En ese momento, una carroza lo esperaba fuera de su casa, en Rue de l'Estrepade, para conducirlo adonde *madame*.

Pero Diderot no lograba decidirse.

Si se hubiera subido en la carroza, llegaría a su destino en un cuarto de hora, quizá menos. Bastaba atravesar el Sena, pasando por la l'Île de la Cité y luego seguir en dirección al Palais-Royal.

Lo esperaban las mentes más brillantes de su época, los "iluminados". Se trataba de escritores, pensadores y científicos convencidos de que la razón era la luz capaz de arrebatar al hombre de la oscuridad de la ignorancia. Diderot era uno de ellos y, ciertamente, no era el último en importancia. Por este motivo, era invitado fijo de *madame* Geoffrin. Además de los discursos políticamente comprometidos, en ese salón también se murmuraban chismes sobre la vida de la corte, había buena música y café, ¡y ofrecían una estupenda conserva de cerezas! Comería mucho más de esa mermelada de lo que sería aconsejable, de eso estaba seguro. Y luego se quedaría hasta tarde, argumentando sobre filosofía, ciencia y política. Pero ¿podría permitirse esa velada de esparcimiento? ¿No debería quedarse en casa para respetar la cita que tenía con la historia?

Como siempre, estaba atrasado con sus entregas. Pero esta vez el problema era de veras grave. Había quedado solo a cargo de la empresa más grande que hubiera tenido el hombre: la *Enciclopedia*.

De hecho, a Diderot se le metió en la cabeza que era necesario transcribir todo el conocimiento del hombre y, para colmos, ¡en orden alfabético! Desde 1745 trabajaba en la *Enciclopedia*, un diccionario razonado de las ciencias, las artes y los oficios. Para lograr este propósito, convocó a un equipo de casi ciento treinta colaboradores. Logró incluso que el matemático Jean Baptiste d'Alembert participara en el equipo. Este proyecto lo dirigían varias personas. Al filósofo Jean-Jacques Rousseau le encargó los vocablos relativos a la música y a la economía. El médico Louis de Jaucourt se unió a la iniciativa con sorprendente entusiasmo. Solo él compiló diecisiete mil voces, casi un cuarto de toda la obra, y no quiso que le pagaran. También Voltaire, filósofo y escritor de genio indiscutible, famoso por su ironía, contribuyó con algunas voces en la realización de la obra.

El mismo Diderot ya había terminado su parte. Pero no se limitó a escribir sobre aquello que conocía bien, sino que decidió explorar el mundo de las tiendas de París: tejedores, curtidores y todo tipo de artesanos. Diderot los entrevistaba, haciéndoles preguntas sobre su trabajo. Además, llevaba consigo a un dibujante que reproducía, con gran detalle, sus herramientas. De hecho, estaba convencido de que el objetivo de la *Enciclopedia* fuera el de fijar los nuevos conocimientos que estaban cambiando rápidamente al mundo. Rey y reina, nobles y cardenales ya no eran sino una pequeña parte de la sociedad. En cambio, la fracción más grande y más trabajadora de la sociedad era la burguesía, una nueva clase social muy activa en el comercio. Los burgueses viajaban mucho, leían libros y periódicos, y estaban teniendo cada vez más conciencia de su importancia en la sociedad. Para ellos, la *Enciclopedia* representaba la manera más sencilla y rápida de acceder al conocimiento.

Se trataba de una obra colosal. Abarcaba desde la fabricación de un clavo hasta del concepto de *justicia*. Todo se analizaba y definía de forma clara y sencilla. Además, era necesario eliminar las viejas supersticiones. Nunca nadie más defendería que el poder provenía de Dios para ir directamente a las manos del rey. "Ningún hombre ha recibido de la naturaleza el derecho a mandar sobre los otros", le encantaba repetir con fervor a Diderot. Una vez aclarado este concepto, los hombres podrían crear una sociedad nueva, más justa. Pero los nobles y el clero pensaban que el conocimiento debería estar reservado exclusivamente a ellos.

Cuando se publicaron los dos primeros volúmenes de la *Enciclopedia*, el rey Luis XV ordenó a sus guardias que secuestraran la obra. El papa Clemente XIII excomulgó a los lectores y ordenó que se quemaran todas las copias. No obstante, a pesar de las amenazas, Diderot continuó clandestinamente con su obra. Pero, con el tiempo, todos sus colaboradores se desvanecieron. Incluso el mismo D'Alembert se retiró.

Esa noche, Diderot se dio cuenta de que se había quedado prácticamente solo. En poco tiempo debía entregar un nuevo volumen a su editor, Le Breton. ¿Qué debía hacer? ¿Renunciar a este proyecto con el cual sería recordado por la historia? ¡Jamás! Hasta ahora se habían vendido miles de copias de su obra y las ideas

revolucionarias estaban llegando a cada vez más lectores. La *En-ciclopedia* estaba iluminando su época. Sí, seguiría, ¡así tuviera que escribirla toda él solo!

Pero no esa noche. Se puso su levita y se precipitó por las escaleras. Postergaría su cita con la historia hasta el día siguiente. Sería muy descortés faltar a la cita con *madame* Geoffrin.

—¡Apurémonos! —le gritó al cochero y agregó con fervor—: ¡Ya me habré perdido la cena, pero estoy a tiempo para el postre!

En otros veinte años de trabajo, desde 1751 hasta 1772, Denis Diderot logró publicar veintiocho volúmenes de la *Enciclopedia*, entre textos e ilustraciones. Más de setenta mil vocablos acuñados.

El 31 de julio de 1784 se sentó a la mesa de buen humor. Se tomó una sopa, cenó ciervo hervido con achicoria y luego se deleitó con su amada conserva de cerezas. Apoyó el codo en la mesa, la cabeza en la mano, cerró los ojos y murió.

No a la pena de muerte ni a la tortura: Cesare Beccaria
1764

Necesitaba a toda costa un café. Y todos lo necesitaban. Esa bebida sacudía la mente y, cuando estaba por dormirse, la despertaba. Sí, pensaba Cesare Beccaria, era necesario sacudir su vida y la de Milán, una ciudad que vivía como si no debiera cambiar nada. Cesare había nacido en una típica familia milanesa de esa época. Su padre, el marqués Giovanni Saverio di Francesco, era un hombre autoritario, de mentalidad cerrada, un tirano que lo amenazó incluso con desheredarlo si él se casaba con Teresa Blasco, una graciosa muchacha de dieciséis años, con quien de todas maneras se casó. Él tenía veintún años y ni un solo peso en el bolsillo, y mucho menos tenía una idea precisa de qué hacer con su vida.

Por fortuna, un buen amigo suyo ofreció hospedarlo. Se llamaba Pietro Verri; era un joven brillante y muy emprendedor. La casa de Pietro era el punto de encuentro de los muchachos más inteligentes de Milán, grandes admiradores de las obras de los ilustrados, en particular de la *Enciclopedia*. Eso era exactamente lo que necesitaba Cesare para salir de aquella atmósfera estancada donde vivía: ahora sabía que él no era el único que quería despertar a todos esos viejos peluquines, es decir, sus anticuados conciudadanos.

—¡Fundemos una revista! —propuso Pietro, un día—. Así podríamos difundir nuestras ideas, discutir problemas y proponer soluciones.

De inmediato, todos estuvieron de acuerdo y eligieron el nombre de la revista: *El Café*.

Cuando fue el turno de Cesare de escribir un artículo, se preguntó cuál era el tema que más le apasionaba. ¿Había alguna injusticia que lo ofendiera más que las otras? ¿Cómo la resolvería?

Cesare no tuvo dudas: estaba convencido de que el hombre debía ser libre de expresar sus propias opiniones, sin que ningún tirano se lo impidiera. Por el contrario, en esa época muchos gobernantes usaban la tortura y la pena de muerte para castigar a los súbditos que los criticaban. ¡Ese era el tema que quería tratar: la pena de muerte y la tortura! Y no sería suficiente un artículo en *El Café*; terminó por escribir todo un libro sobre el tema. Tampoco se limitó a dar consejos y sugerencias, de hecho, directamente propuso la eliminación de esas terribles condenas. Si su libro llegaba a ser convincente, ¡sería más poderoso que un café! Con su propuesta, las autoridades deberían renunciar a una parte del poder: aquel sobre la vida y la muerte de sus súbditos.

Es cierto que no era una tarea fácil aquella de cambiar la opinión de un poderoso. Cesare lo sabía muy bien. Pensó en su padre: nunca había cambiado de parecer. El marqués nunca se preguntaba qué era o no justo. ¡No! Para él, el único argumento válido era la utilidad.

Era necesario demostrar la inutilidad de la pena de muerte y de la tortura, pensó Cesare. Solo así, incluso los hombres como su padre cambiarían de parecer.

Antes de ponerse manos a la obra, tenía que analizar esas cuestiones tan complejas a la luz de la razón. Lo primero que le pareció claro fue que quien condena a un asesino a la pena de muerte se convierte él mismo en un asesino. Cuando alguien rompe un vidrio con una piedra, se lo condena a pagar el vidrio. Pero ¿si comete un homicidio?

Siguiendo el mismo principio, aquel del resarcimiento, a Beccaria se le ocurrió proponer los trabajos forzados como pena para ese crimen. Por lo menos, la sociedad se vería recompensada con nuevas calles u obras útiles para todos. En cuanto a la tortura, siguió con la misma lógica: no se puede usar la violencia para arrancarle la verdad a un sospechoso. Y no solo por el hecho de que se trata de una práctica horrenda, sino, sobre todo, porque no funciona: un hombre sometido a la tortura no necesariamente va a confesar la verdad. Podría tener un cuerpo tan fuerte como para resistir a la sevicia y seguir mintiendo, o podría ser tan débil como para confesar cualquier crimen con tal de no sufrir más violencia. Por lo tanto, la pena de muerte y la tortura no son ni justas ni útiles. Estaba listo para escribir su obra: *De los delitos y las penas*.

Cuando salió el libro, suscitó gran revuelo. Sus amigos de *El Café* estaban felices y los filósofos ilustrados se refirieron a este texto como una obra maestra.

Beccaria se sintió muy halagado, pero deseaba con todas sus fuerzas que su obra fuera útil y que hiciera que los gobernantes modificaran las leyes, que renunciaran al derecho de la vida y de la muerte de sus súbditos. Esperaba lograr salvar vidas humanas. El primer resultado llegó solo hasta 1786, cuando el gran duque de Toscana, Pietro Leopoldo, abolió la pena de muerte, persuadido por los argumentos de Beccaria.

No obstante, todavía hoy, en 38 Estados del mundo, la pena de muerte está contemplada en sus códigos penales.

Una sola frase
No al antropocentrismo: Charles Darwin
1859

Mientras escribía a la luz de la lámpara de aceite, Charles Darwin escuchó de nuevo ese ruido sin lograr determinar su origen. Estaba cansado, se había hecho muy tarde y desde la ventana de su estudio ya no lograba distinguir nada de los espléndidos campos de Kent. "Mañana termino", pensó. Pero no se levantó de la silla. No podía irse a dormir cuando a su libro solo le faltaba una frase. Era 1859. Había empezado a escribir ese libro en julio de 1842. Empleó diecisiete años para redactar *El origen de las especies*; no quería emplear otros tantos para decidir incluir esa frase.

Su barba blanca era ya tan larga que sobaba el papel mientras escribía. "Cuando termine el libro, ¡juro que me corto la barba! —se prometió a sí mismo con cierta solemnidad—. De pronto, hasta llevo mañana a Emma a Londres de paseo. Hace mucho tiempo que no compartimos un buen rato juntos. Por la noche jugamos *backgammon* y hemos encontrado el tiempo de traer al mundo diez hijos. Pero no nos hemos alejado de esta casa desde 18... ¡mejor ni lo pienso!".

Trató de concentrarse. Quería terminar su obra esa misma noche. Si fuera por él, continuaría trabajando en ese libro toda la vida. No tenía ninguna prisa de publicarlo. Pero mientras se tomaba su tiempo, en Gran Bretaña empezaban a circular ensayos de otros científicos que sostenían tesis idénticas a las suyas. Se apresuró a publicar un primer extracto, una especie de resumen, para que no le robaran la paternidad de su teoría. ¡No cuando su libro ya estaba terminado! O, mejor, casi terminado.

Todo comenzó en 1837, o quizá era 1838, no lo recordaba exactamente. Acababa de llegar de cinco años de viaje alrededor del mundo a bordo del bergantín *Beagle*. Había acumulado una enorme cantidad de datos y observaciones, y se encerró en la casa para organizar todo. Pronto se convenció de que todas las especies vivientes están comprometidas todo el tiempo en una lucha por la supervivencia, cada una en un ambiente determinado. Con el tiempo, las especies varían, se transforman, se modifican, y esas variaciones se heredan a los descendientes. En resumen, con el tiempo evolucionan. Esa era su revolucionaria teoría. La mayoría de sus contemporáneos creían que todas las especies habían sido creadas por Dios y, en consecuencia, eran inmutables.

Por este motivo, en los años sucesivos al viaje, Charles acumuló muchísimas demostraciones que apoyaban su idea e invalidaban cualquier objeción. Ya estaba amaneciendo. Quedaba en espera la última frase. Ya la había anotado desde el comienzo de esa aventura. Fue una deducción lógica. Si las leyes de la evolución eran válidas para todas las especies vivientes, entonces también eran válidas para el hombre. También el hombre evoluciona. Pero ¿quién iba a creerle?

"Si agrego esta frase —pensó—, seguramente me acusarán de considerar al hombre como a un animal. Me dirán que no respeto a la creación divina y, lo que es peor, ¡no se interesarán por los otros centenares de páginas que tanto trabajo me han costado!". No, no lo iba a escribir. Ya podía declarar concluido el libro. Pero de repente le surgió una duda: "¿Y si pensaran que, por miedo a las consecuencias, renuncié a la implicación más revolucionaria de todo mi trabajo?".

Escribió la frase, pero de inmediato la borró. De nuevo sintió ese ruido. Si se detenía en la escritura, el ruido cesaba. Si volvía a escribir, el ruido volvía a comenzar. Ahora era más fuerte, venía de debajo de la mesa. Era un ratón, no cabía duda. Quizá el sonido de la pluma en el papel lo tranquilizaba. El silencio, en cambio, le afectaba y prefería permanecer inmóvil. Cuando Darwin volvía a escribir, el ratón reiniciaba sus extraños ruiditos. A fin de cuentas, podría decirse que el ratón también tenía su forma particular de escribir. Quizá un libro similar al de

Darwin: *El origen de la especie de los ratones de campo*. Permanecieron en silencio un rato, haciéndose compañía. Estaban entre colegas.

Darwin pensó que también ese roedor, un animal que a algunos produce repugnancia, poseía una inteligencia en gran parte desconocida para la ciencia. ¡El antropocentrismo era de veras una premisa absurda, esa idea de que el hombre es una criatura privilegiada, la más importante en el diseño divino! ¡Y eso que la teoría heliocéntrica le había dado una hermosa lección a la arrogancia humana!

De modo que decidió decirle *no* a esa mentalidad antropocéntrica. Pero con mucha prudencia. No escribió la frase al final del libro, como si fuera la conclusión más relevante, sino a mitad de la penúltima página. Y la formuló de la manera más cauta posible. "Habrá mucha luz sobre el origen del hombre y sobre su historia", escribió.

Posó la pluma, le deseó buenas noches al pequeño colega y se fue a dormir. Su libro tuvo una extraordinaria resonancia. Esa frase fue la ruptura que empezó a tumbar todo el castillo de naipes de certezas de toda una época.

No al esclavismo: Abraham Lincoln
22 de septiembre de 1862

Nació en el condado de Crawford, en Georgia, Estados Unidos. No sabía exactamente dónde ni cuándo, pero de esto no se preocupaba; de cualquier manera, ¡podría haber nacido en cualquier parte y cualquier día! Eso sí, sabía bien que había nacido esclavo. No le dieron un nombre y sus amos le decían "Tiny", el pequeño, y con el tiempo ese apodo quedó sembrado en su piel. No conocía ni a su padre ni a su madre. Tenía la piel más clara que los otros esclavos y, por este motivo, estaba convencido de que era hijo de un blanco. A veces observaba a sus amos para descubrir cualquier semejanza física.

De sus ancestros no sabía nada. Alguien le contó sobre los sufrimientos que los esclavos padecieron, cuando viajaban hacinados en barcos durante mucho tiempo, secuestrados para llevarlos de África a América. Si se encontraba aquí, debía deducir que, años antes, sus antepasados vivieron esos tormentos.

No recordaba haber dormido jamás en una cama. Por la noche se acurrucaba en el suelo de una choza miserable, en un lecho de paja y trapos. Nunca supo lo que significaba *jugar*. Incluso cuando era muy chiquito, para ser útil en el campo, no transcurrió un solo día que no estuviera totalmente dedicado a barrer el patio o a llevar sacos de trigo al molino. Este se encontraba a cinco kilómetros de la plantación. No sabía leer ni escribir, ni había nadie entre los esclavos que pudiera enseñarle. Una de sus nuevas tareas consistía en llevarles libros a sus jóvenes amas y acompañarlas a la escuela. Una vez logró acercarse a los salones, lo suficiente como para espiar por la ventana: decenas de muchachos estaban sentados en pupitres. El salón estaba iluminado y la maestra sonreía. Ese recinto le pareció un paraíso.

Nunca había comido lo que se llama una comida de verdad. Durante el día, comía de a poquitos algo de maíz, verduras o tocino. El único momento libre del trabajo era la celebración dominical de la misa. Sentado en las últimas filas de la capilla, junto a los demás esclavos, Tiny escuchaba al predicador Jones, un viejo irlandés con el rostro lleno de pecas. Cada domingo contaba una historia distinta de la Biblia, pero todas llevaban a la misma conclusión: "Dios quiso la esclavitud". Eso declamaba Jones fervorosamente, y su rostro se ruborizaba hasta tal punto que por unos momentos no se le notaban las pecas.

Después de algún tiempo, a los esclavos se les concedió celebrar una misa. Se encontraban de noche en una gran cabaña y escuchaban a Nat Crackpot. Nat era analfabeto como ellos, no conocía la Biblia, pero podía hablar de Dios por horas, como si lo conociera personalmente, y quizá por ello le dieron el sobrenombre de Crackpot el Loquillo. Había interrupciones frecuentes en las misas de Nat, por fieles que hacían preguntas y por los *spirituals*, espléndidas melodías africanas en las que se cantaban versos de la Biblia. La preferida de Tiny se llamaba *Free at Last*. Libres al fin.

Un día, en el trabajo alguien empezó a cantarla. Era el periodo de la cosecha, los capuchones de algodón ya tenían las dimensiones de un huevo de gallina y mostraban su suavidad. Los esclavos estaban agachados recogiendo el algodón, desde hacía más de catorce horas, y en este momento bajo el sol calcinante. Para darse valor entre ellos, empezaron a cantar en coro. Advertido por las voces, uno de los amos disparó al aire y preguntó:

—¿Qué significa esta canción? ¿De qué libertad está hablando?

Entre los miles de esclavos agachados solo uno se puso de pie. Era Nat Crackpot.

—Habla de la verdadera libertad —dijo el predicador—. Aquella que Dios concede a todos los hombres: la libertad después de la muerte.

Satisfecho con la respuesta, el hombre se fue. En cambio Tiny quedó desilusionado. Hasta ese momento creía que la canción hablaba de otra libertad, la de vivir y gozar en la Tierra, no después de la muerte.

Una mañana, al amanecer, Tiny se despertó por la voz de una muchacha. Se llamaba Bessie y se había escondido en su cabaña para arrodillarse a rezar. Lloraba cálidas lágrimas de alegría.

—¿Qué pasó? —le preguntó Tiny.

—Rezo por la libertad. Y por Abraham Lincoln.

Esa fue la primera vez que Tiny escuchó el nombre del presidente de Estados Unidos de América. En los días siguientes, muchos esclavos empezaron a susurrar ese nombre llenos de

esperanza. Todos eran analfabetos, no tenían ninguna posibilidad de comunicarse con el mundo que estaba fuera de la plantación y, sin embargo, cuando empezó la guerra entre los estados del Norte y los del Sur, todos los esclavos entendían y sabían todo: a veces se enteraban del triunfo de las batallas incluso antes de que sus amos lo supieran. En consecuencia, sabían que el presidente Lincoln decidió eliminar de su país esa horrible injusticia. No obstante, los estados del Sur no estaban dispuestos a ceder ese precioso recurso, es decir, unos cuatro millones de esclavos que trabajaban en el campo sin que les pagaran. Para abolir la esclavitud, Lincoln se vio obligado a enfrentar en una guerra a las dos mitades de una nación.

Tiny era todavía un jovencito cuando descubrió de qué manera se difundían las noticias en el campo. Un día lo despacharon a recoger el correo en la estación. Allí se enviaba mercancía y subían y bajaban pasajeros, quienes intercambiaban información entre ellos. Le bastó medio escuchar las conversaciones para entender qué estaba sucediendo: después de cuatro años de guerra, ¡las tropas del Norte estaban cerca de la victoria! Corrió a la plantación y contó las últimas novedades.

Esa noche, en la plantación, nadie logró dormir. Sucedía con frecuencia, día y noche, que se elevara un canto de esperanza, cada vez más alto y potente. Finalmente llegó el día de la libertad. Un oficial a caballo leyó ante todos, esclavos y amos, la Proclamación de la Emancipación. Este documento decretaba la liberación de todos los esclavos que estuvieran en el territorio de los Estados Confederados de América. Abajo estaba la firma de Abraham Lincoln. Hombres y mujeres se abrazaron entre lágrimas y, de inmediato, empezaron a cantar *Free at Last*. Tiny fue el único que no se unió al coro. Furioso, se abrió espacio entre la multitud festiva y llegó hasta donde Nat, que cantaba y bailaba como un loco.

—¡Nat! —le gritó, agarrándolo por un brazo—. ¿Por qué cantamos esta estúpida canción sobre el paraíso?

—¡No es una canción sobre el paraíso! ¡Es una canción sobre la libertad! —respondió el predicador.

—Pero si fuiste tú quien le dijo al amo que se trataba de una canción sobre el paraíso, sobre la libertad que obtendremos cuando muramos.

Nat estalló en carcajadas.

—¡Eso se lo dije solo para que se lo creyera! —respondió, guiñándole el ojo—. Y ahora, canta, ¡canta con nosotros!

Solo en ese momento Tiny cantó.

La noche de Pietermaritzburg
NO A LA VIOLENCIA: GANDHI
7 de junio de 1893

El tren para Pretoria fluía veloz en la noche. Afuera de la ventanilla estaba África, pero en la oscuridad no lograba verla. Los leones y las cebras, la selva espesa y las inmensas playas blancas reposaban, por el momento, en las sombras. Y lo mismo el vagón. Solo él, Mohandas Karamchand Gandhi, no lograba dormirse. Era presa de una extraña agitación, una sensación que cada vez con más frecuencia se le subía a la garganta. Tal vez era miedo. O quizá un grito de alarma que no lograba librar. Sentía que ese tren no lo estaba llevando adonde quería. Pero ¿adónde quería ir?

Había nacido en India y vivido en Inglaterra. Allí se graduó como abogado y conoció el estilo de vida europeo, tan distinto del indio. Otra ropa, otra comida, otra mentalidad. Cuando regresó a India, se dio cuenta de que no sería jamás un buen abogado. Para ser francos, detestaba ese oficio. Pero ¿qué era lo que verdaderamente deseaba hacer? Le ofrecieron un trabajo en Sudáfrica y aceptó. Tenía veinticuatro años, quería conocer el mundo y tener experiencia. Pero entonces, ¿por qué razón no lograba cerrar los ojos y disfrutar del viaje?

Otro viajero se asomó a su compartimento. Llevaba un enorme sombrero que le ocultaba el rostro. Se acercó, lo miró de arriba abajo. En la oscuridad del vagón, Gandhi no logró descifrar la expresión, pero se dio cuenta de sus sentimientos. Estaba indignado. Pisando duro, el hombre del sombrero salió del vagón y se fue a grandes zancadas a llamar al controlador.

—Usted no puede estar aquí, esto es primera clase —le dijo el funcionario con arrogancia.

Por un momento, quedó paralizado de la sorpresa. Cuando se recuperó, replicó:

—Pero ¡yo tengo un tiquete de primera clase!

—No importa —insistió el funcionario, alzando la voz—. ¡Debe ir a la tercera clase!

El pasajero del sombrero había desaparecido. Sin embargo continuaba esa atmósfera de indignación en el compartimento, que ahora contagiaba al controlador. Gandhi lo miró fijamente con sus ojos negros y asintió. Al pasajero y al controlador no les parecía bien que una persona de piel color oliváceo estuviera sentado en primera clase. Este sitio solo estaba permitido para los "blancos".

En ese punto también su voz se llenó de indignación:

—Compré el tiquete para este compartimento y exijo permanecer aquí —declaró resuelto.

El controlador llamó a un agente de policía. Si no se iba inmediatamente de ese compartimento, el policía lo lanzaría del tren. Gandhi se rehusó a marcharse. El agente lo agarró de una mano, hizo que el tren se detuviera y lo empujó hacia fuera. Después le lanzó sus maletas.

Cuando se levantó del suelo, Gandhi leyó el aviso que estaba en la estación y descubrió que se encontraba en Pietermaritzburg. Esta ciudad se encontraba a una elevada altitud, era invierno y el frío era muy intenso. Fue a refugiarse en la sala de espera, amargado y confundido. ¿Qué le convenía hacer ahora? ¿Dar media vuelta y regresar a India? ¿Tomar el siguiente tren y seguir su viaje, como si nada hubiera pasado?

La noticia de lo sucedido rodó en la ciudad. Todos los mercaderes indios se precipitaron a la estación para ayudar a Gandhi y consolarlo. Le contaron sobre los abusos cotidianos a los que

estaban sometidos. Sudáfrica estaba gobernado por una minoría blanca, descendientes de los colonizadores, que aplicaba leyes racistas contra todos los habitantes que tuvieran un color de piel distinto al de ellos. Esos comerciantes indios estaban resignados a la injusticia como quien se resigna al frío, a la lluvia o a cualquier evento natural. Mientras los escuchaba, Gandhi se dio cuenta de un dato curioso: ese sentimiento de opresión que tenía antes lo estaba abandonando. Ese *no* que pronunció en el tren lo dijo más a sí mismo que a los hombres injustos que lo atacaron. Era como si hubiese enterrado un cuchillo en el lienzo de su alma y la hubiera desgarrado. Y por la grieta que formaba esa herida entraba una nueva luz. Ahora sí veía un propósito.

Esa noche, en la estación de Pietermaritzburg, Gandhi tomó una de las decisiones más importantes que hubiera tomado alguien en la historia. En esa sala de espera oscura comenzó el largo viaje de una idea. Y era una idea simple y perfecta, justa y bella. Esa noche, Gandhi decidió que se opondría a la injusticia sin usar la violencia. Cambiaría el mundo sin derramar ni una gota de sangre.

Permaneció en Sudáfrica por veinte años más y lideró la lucha contra la discriminación racial. Cuando consideró que había concluido su tarea, volvió a India. Allí lo esperaba otra lucha, la de la independencia de su país de Gran Bretaña.

Hoy, en el centro de la ciudad de Pietermaritzburg hay una estatua de bronce de Gandhi. Una placa de mármol recuerda el 7 de junio de 1893, el día en que fue expulsado del tren. Debajo de esa fecha está escrita una frase: "Ese día comenzó mi práctica activa de la no violencia".

El amor que no se atreve a pronunciar su nombre

NO A LA HOMOFOBIA: OSCAR WILDE
30 de abril de 1895

> No existen libros morales o inmorales.
> Los libros están bien o mal escritos. Eso es todo.
> *El retrato de Dorian Gray,* Oscar Wilde

Cuando el pesado portón del Old Bailey se abrió, una multitud de londinenses se dirigieron al interior del edificio y tomaron puesto en la galería reservada para el público. Todos estaban ansiosos de ver a Oscar Fingal O'Flahertie Wills Wilde, mejor conocido como Oscar Wilde, el escritor más importante de su época, el único al cual los ingleses permitían que se burlara de ellos. Porque cuando los acusaba de hipócritas, Wilde los hacía reír. Y pensar. Ya desde hacía un buen tiempo sus libros estaban a la cabeza de los más vendidos y las puestas en escena de sus graciosísimas comedias agotaban las entradas de todas las funciones.

No obstante, el 30 de abril de 1895 no se iba a presentar una nueva comedia. Y el Old Bailey, ese palacete que estaba en el centro de la ciudad, no era ni más ni menos que el Tribunal

71

Central de Londres. Esta celebridad corría el riesgo de terminar en la cárcel o, peor, condenado a trabajos forzados. Y así, como sucede con frecuencia, las mismas personas que llenaron los teatros para aplaudirlo cuando estaba en la cima de su éxito ahora se abarrotaban en el tribunal para presenciar su derrota. Pero ¿cuál era ese terrible crimen con el que supuestamente se manchó Oscar Wilde? Se había enamorado. ¿Eso era todo? Sí, eso era todo.

Cuando el famoso escritor apareció en el recinto, de repente se hizo un profundo silencio. Avanzaba majestuoso, con su figura imponente (medía casi dos metros de altura) y su cabello largo. Vestía ricamente y en el ojal de su abrigo llevaba un clavel verde, un lirio blanco o un girasol.

Cualquiera que se lo encontrara en las calles de Londres quedaba fascinado con él y su encantadora conversación. El mismo Wilde declaraba de sí mismo: "Me gusta escucharme hablar. Es una de las cosas que más me divierten. Con frecuencia entablo largas conversaciones conmigo mismo y soy tan inteligente que a veces no entiendo ni una sola palabra de lo que digo".

Ese día, mientras subía al podio de los acusados, sus ojos azules eran aún más intensos, pero nadie sabría cuáles y cuántos eran los sentimientos que se agitaban dentro de él. Desde hacía varios días respondía a las acusaciones del abogado Carson sobre su vida, escritos y vínculo con el joven poeta Alfred Douglas, hijo del malhumorado marqués de Queensberry. Fue justamente el marqués quien denunció a Wilde cuando descubrió que su hijo y el famoso escritor se amaban. Y era así. Wilde se había enamorado de un hombre y, para las leyes inglesas de la época, la homosexualidad era un delito.

Durante todo el proceso, Wilde negó que hubiera sentimientos entre ellos que fueran más allá de una profunda amistad. Además de evitar la cárcel, él también quería defenderse con serenidad, escogiendo con garbo las palabras que debía usar, evitando involucrar a Alfred. Y lo había logrado hasta ese día.

No obstante, ese 30 de abril, el implacable Charles Gill, del Ministerio Público, debía hacer las preguntas. Él leyó a la Corte un poema de Alfred Douglas que tenía por tema el amor entre dos hombres, ese amor que "no se atreve a pronunciar su nombre". Gill se acomodó bien la peluca sobre la frente arrugada, hizo una larga pausa y le preguntó:

—¿Cuál es el amor descrito en este poema?

Oscar Wilde se dio cuenta de que de la respuesta que diera a esta pregunta dependía su salvación. Si Gill se hubiera limitado a solicitar una explicación al autor, quizá habría evitado la condena. Pero no involucraría jamás en ese proceso al hombre que amaba. Si admitiera conocer ese tipo de amor, se inculparía a sí mismo. Pero ¿por qué razón le pedían que comentara un poema? ¿Qué tenían que ver esos versos con el proceso? ¿Acaso estaba prohibido escribir, además de amar?

Solo en ese instante, Wilde se dio cuenta de qué lo acusarían realmente ese tribunal y toda la ciudad. ¡Qué tonto no haber pensado en ello antes! ¡Cuántas veces culpó a los ingleses de ser hipócritas, de cumplir bien su papel de súbditos modelo, sin vicios ni defectos, siempre listos a juzgar y a condenar al prójimo, aun sabiendo que no eran superiores a los demás seres humanos!

Esa misma acusación se venía contra él. Si tenía una vida secreta ante la sociedad, él también sería un hipócrita.

Hay momentos en los cuales es necesario elegir entre vivir la vida de manera plena y completa o arrastrar con una existencia falsa. Ese día Wilde eligió. Inhaló aire profundamente y luego, con voz clara, dirigiéndose a todos los presentes dijo:

—El amor que no se atreve a pronunciar su nombre en este siglo es bello, es elevado y es la forma más noble de afecto. —Oscar amaba a Alfred, pero no podía vivir su amor libremente. Ni siquiera podía contarlo. Por tal razón, se limitó a narrar ese sentimiento como un regalo de parte de un hombre sabio y culto como él a un joven alegre e inteligente como Alfred. Aquello que los unía, en el fondo, era amor, del más noble y bello que pueda unir a un ser humano con otro.

Concluyó agregando—: Que así sea, el mundo no lo comprende. Hacen mofa de ello, y, a veces, se pone a alguien en la picota pública por esta razón.

Era una declaración de amor y, al mismo tiempo, una protesta contra la absurda injusticia que estaba sufriendo. Cuando terminó de hablar, en la galería estalló un aplauso estruendoso. Fue el último que recibió en su vida.

El 25 de mayo de 1895 Oscar fue condenado a dos años de trabajos forzados. Era la máxima condena prevista, pero el juez lamentó no haber podido aplicar la ley de algunos años atrás, que exigía la pena de muerte para esos casos. Retiraron todas las comedias de Wilde de las salas de teatro, sus libros desaparecieron de las librerías y sus bienes fueron subastados, al igual que los manuscritos de sus obras. Alfred Douglas se fue de Inglaterra y pronto dejó de interesarse en Oscar.

Esposado y custodiado entre dos guardias, condujeron a Oscar Wilde a la cárcel. Mientras recorría el larguísimo corredor del tribunal, muchos londinenses lo insultaron a gritos a su paso. Solo un hombre entre la multitud se opuso a ese "linchamiento": era Robbie Ross, su mejor amigo. Cuando sus miradas se encontraron, Robbie se quitó el sombrero e hizo una ligera inclinación. Fue tan sencillo y honesto que suscitó el silencio de la multitud enardecida. Con ese gesto antiguo, cargado de respeto, él les dijo *no* a la brutalidad de esa condena y a la hipocresía de los ingleses.

La ley con base en la cual condenaron a Wilde se abrogó únicamente en 1967. Todavía hoy, en algunos países, la homosexualidad se castiga con la pena de muerte y en otros puede costar la cárcel de por vida, castigos físicos y la reclusión en hospitales o instituciones para enfermedades mentales.

En el cementerio del Père-Lachaise, en París, hay un monumento fúnebre que representa una esfinge. Bajo la lápida de mármol, sobre la cual las visitantes dejan sus huellas de besos con labial, están las cenizas de Oscar Wilde.

Junto a ellas, reposan las de su amigo Robbie Ross.

Una mujer afortunada
No a la discriminación de género: las sufragistas
6 de febrero de 1918

Hasta ese día, Emmeline Goulden Pankhurst se consideraba una niña afortunada.

Su padre, Robert, era un hombre de gran cultura, famoso en Mánchester por sus ideas modernas. Su madre, Sophia Crane, recaudaba fondos para aliviar la pobreza de los esclavos que habían sido liberados poco tiempo atrás en Estados Unidos. La misma Emmeline, todavía niña, vendió paquetes cerrados que tenían misteriosos regalos. Acababa de aprender a leer y, de inmediato, se apasionó por las aventuras narradas en los periódicos que, todas las noches, le leía en voz alta a su padre. En términos generales, alimentaba un gran amor por el conocimiento. Cada vez que se sumergía en un libro, sentía como si escrutara el cielo y viera girar, bajo su propia mirada, un nuevo planeta. Su infancia fue una época de juegos, descubrimientos y sueños.

Sí, definitivamente era una niña afortunada, pues podía permitirse fantasear con su futuro.

De hecho, a finales del siglo XIX, a las mujeres inglesas no se les permitía tener muchos sueños. Ni siquiera derechos.

Podían casarse, eso sí, tener hijos, atender la casa y prodigarle felicidad al esposo. Podían trabajar, pero su pago era más bajo que
el de los hombres, así con frecuencia sus horarios y tareas fueran
más duros. No podían desempeñar cargos públicos, no podían
ser juezas, diputadas, abogadas. Ni siquiera profesoras. Porque
se consideraba que las mujeres eran inferiores a los hombres.
Menos fuertes, menos inteligentes, menos capaces. ¡Con excep-
ción de la reina, naturalmente!

Incluso hubo científicos que aseguraban haber demostrado
"la inferioridad intelectual de la mujer". La prueba consistía en
lo siguiente: habían puesto dos cerebros, uno de un varón y otro
de una mujer, en dos platillos de una balanza. El cerebro mascu-
lino pesaba más, así que, en consecuencia, según ellos, tal cerebro era superior.

A pesar de las ideas de avanzada de los padres, Emmeline
no tuvo otra opción que estudiar en la escuela de su época, orga-
nizada según los principios vigentes. De hecho, en esos tiempos
había escuelas masculinas y femeninas. Pero mientras las masculinas les enseñaban a los estudiantes a mirar más allá en el cielo
del conocimiento, las escuelas femeninas enseñaban exclusivamente cómo mantener la casa hermosa. Emmeline se devanaba
los sesos: no lograba entender por qué ella tenía que aplicarse a
ese trabajo tan limitante. ¡Y por qué no eran los hombres quienes
debían tener la casa hermosa!

Pero su familia era distinta. Un día, su madre la llevó a una
reunión secreta a la que solo podían ir mujeres: era una reunión
de sufragistas, como les decían a las defensoras del derecho al
voto femenino. Desde 1897, ellas luchaban para que les permi-

tieran votar. Y ellas le enseñaron a Emmeline que la unión hace la fuerza; que si una sola y débil voz se une a otras, puede volverse poderosísima. Al final de la reunión, Emmeline era ya una sufragista.

Pero una noche, mientras estaba acostada y no lograba dormirse, escuchó los pasos de sus padres, que se dirigían hacia su cuarto para darle el beso de las buenas noches. Quizá por temor a que se dieran cuenta de que todavía estaba despierta, Emmeline fingió estar dormida. Sintió la barba del padre que le picaba la mejilla, luego los labios amorosos de la madre. Antes de que se fueran, el padre la miró de nuevo y dijo:

—Qué lástima que no sea un niño.

"¡No quiero ser un niño, soy una niña y quiero los mismos derechos de los hombres! ¡Y quiero votar! ¡Quiero escoger quién me gobierne! ¡Quiero decidir quién escribe las leyes; es más, quiero poder ser elegida, para ser yo misma quien escriba las leyes!".

Esto habría querido decir Emmeline. Pero permaneció en silencio y fingió estar dormida. ¿También su padre, el hombre más justo y noble de la Tierra, consideraba que las mujeres eran inferiores a los hombres? ¿O quizá sentía piedad por el destino que le esperaba a la hija? ¿También él pensaba que esas injusticias eran algo natural, que no podían abolirse? Esa noche Emmeline tomó una decisión. Ese *no* que se le había quedado atascado en la garganta ahora lo gritaría fuerte y claro, ¡para toda la vida!

Emmeline creció rápidamente, estudió bastante, incluso en el exterior, y se puso al frente del movimiento de las sufragistas. Se casó, tuvo hijas y también ellas fueron sufragistas.

Lideró huelgas y manifestaciones de protesta. Pero todavía eran los hombres quienes tomaban las decisiones importantes, y no tenían la menor intención de dejarles a las mujeres las riendas del poder ni compartirlo con ellas. La policía las golpeó, arrestó, humilló y ofendió, pero ellas nunca se rindieron y permanecieron unidas. Pero no lograron ningún resultado.

A Emmeline también la arrestaron, y junto con otras detenidas protestó incluso estando en la cárcel, con huelga de hambre. Ya estaba claro para ella: la mitad de la humanidad le declaró la guerra a la otra mitad. Cuando la liberaron, Emmeline decidió pasar a los métodos más violentos. Bajo sus instrucciones, las sufragistas empezaron a romper vitrinas, a sabotear los cables de comunicación y llegaron incluso a hacer explotar bombas en iglesias y casas abandonadas.

Hubo una mujer que, para llamar la atención de Jorge V, quien estaba en las graderías de un hipódromo, se lanzó en medio de la pista de carreras de los caballos, mientras gritaba: "¡Voto para las mujeres!". Ella se llamaba Emily Davison y murió en esa ocasión atropellada por un caballo. Ni siquiera ese episodio hizo cambiar de opinión al rey; más bien al contrario, ese día su majestad se quejó por el molesto incidente que había interrumpido su pasatiempo favorito.

Cuando estalló la Primera Guerra Mundial, Emmeline se encontró exactamente en la situación de tener que pronunciar el "no" más difícil de toda su vida. Tuvo que decirles *no* a las sufragistas. Ahora que los hombres estaban ocupados en la guerra, las protestas debían suspenderse. Pero no se trataba de una capitulación.

En ese momento tan trágico, las mujeres, que se quedaron en el país, tenían que conducir los camiones y los vehículos de servicio público, y también eran ellas quienes cultivaban los campos y mantendrían abiertos los negocios. Ellas solas harían las veces de padre y madre para sus hijos. Ellas solas tendrían en pie a una nación entera. ¿Cómo podrían olvidar esto los hombres cuando retornaran de la guerra? ¿De nuevo pesarían los cerebros para compararlos?

Emmeline tenía razón. El 6 de febrero de 1918 se aprobó la Ley de Representación del Pueblo, que establecía que las mujeres que hubieran cumplido treinta años tenían derecho al voto. Las francesas obtuvieron ese derecho en 1946; las italianas, en 1947, y las mujeres de Arabia Saudita, solo en 2015.

Al final de su vida, Emmeline Goulden Pankhurst sabía que no se había equivocado. Había sido una niña afortunada. Era una mujer afortunada, porque, como le encantaba aclarar, "afortunados son aquellos hombres y mujeres que nacen en una época en la cual sucede una gran lucha por la libertad humana".

La poesía útil
NO A LA CENSURA:
NAZIM HIKMET
1929-1950

Debía salir de ahí costara lo que costara. Lo más pronto posible. Sí, pero ¿cómo? Había terminado en una celda de piedra. Una reja de hierro por ventana, sin vidrio. Cuando llegara el invierno, se entraría la nieve a la celda. Estaba seguro, él conocía muy bien las celdas.

A Nazim Hikmet lo arrestaron en 1929 por pegar manifiestos políticos en paredes donde no era permitido poner avisos. En 1931 estaba nuevamente en el tribunal con la acusación de actividad revolucionaria. En esa ocasión se defendió de manera tan eficaz que logró que lo escucharan. Ciertamente, el don de la palabra no le faltaba; incluso sus enemigos, sin chistar, reconocían en él al poeta más grande de toda Turquía. Nació en Salónica, no lejos de donde, según cuenta la leyenda, había nacido Orfeo, considerado el inventor de la poesía.

No obstante, en ese momento en Turquía a los poetas los encarcelaban, especialmente si molestaban al nuevo presidente, Kemal Atatürk, el "padre de los turcos", como él mismo se definía, "jefe inmortal y héroe sin rival".

Hikmet no estimaba a ese presidente que no se interesaba en absoluto por los campesinos ni por la clase social más pobre. Y lo escribió claro y directo en sus poemas. No obstante, Atatürk revisaba con atención las obras de los escritores y, si no le agradaban, las "censuraba", es decir, mandaba picar tirajes enteros o prohibía su publicación. Nadie era libre de expresar su opinión, en particular los poetas. Por este motivo enviaban a Hikmet con tanta frecuencia a la cárcel. En 1932 la capacidad de oratoria del poeta no logró ahorrarle cinco años de reclusión por ofender a las instituciones. Pero no le fue tan mal, ya que por ese delito el fiscal había pedido pena de muerte. Sin embargo ahora el asunto era muy delicado. Aunque Atatürk ya había muerto, su sucesor no fue menos severo con los escritores; más bien al contrario.

Esta vez Hikmet fue condenado a veintiocho años y cuatro meses por un poema que, según el fiscal, "incitaba a los marineros a la revuelta". De hecho, en los últimos tiempos, estudiantes, campesinos y militares jóvenes se aprendían de memoria sus poemas. Esas palabras les daban la fuerza para luchar por un país más justo y libre. ¿De veras tenía tanto poder la poesía, como para aterrorizar a los gobernantes? Hikmet estaba convencido de que así era. Por esto seguía componiendo más poemas "útiles a una causa o útiles al oído", como le encantaba decir. Y sí, los poemas fueron útiles para mandarlo a la cárcel.

Corría el año 1938. No saldría antes de 1966. En ese momento tenía treinta y seis años. Volvería "a la vida" después de haber cumplido…, mejor no pensar en ello. Era necesario salir de ahí. Pero ¿cómo? Se acordó de que algunos años antes, en Estados Unidos, el ladrón John Dillinger había logrado escaparse de la cárcel con una pistola de mentiras que se hizo con madera tallada y pintada con betún para zapatos. Probablemente los carceleros dejaron que huyera, aterrorizados de la feroz mirada que les lanzaba mientras los amenazaba con la pistola de mentiras.

Hikmet era muy alto, tenía el cabello abundante y plateado, ojos azules y piel clara. Tenía el rostro de un poeta; nadie le tendría miedo. Más que una pistola de mentiras, necesitaría consejo sobre cómo afrontar todos los años de cárcel que lo esperaban. Pensándolo bien, ese era un buen tema para un poema. ¿Cuántos como él, justo en ese momento, vivían la misma angustia? ¿Cuántos como él deseaban una poesía "útil"? Eso era lo que debía hacer: escribir.

—¡Mehmet! ¡Alí! ¡Mustafá! —gritó—. ¡Hakan! ¡Hasan! ¡Ibrahim…!

Finalmente se asomó a la mirilla un guardia de la cárcel.

—¿Para qué me llamas? ¿Cómo sabes que me llamo Hakan?

—No lo supe hasta cuando tú me lo confirmaste —respondió sonriendo Nazim—. Yo solo llamé por los nombres más comunes que se me venían a la cabeza. Estaba seguro de que tarde o temprano adivinaría el nombre de uno de los guardias.

—Muy astuto —dijo socarronamente el guardia—. Y ahora, dime qué quieres.

—Un lápiz y papel. Tengo que escribir un poema.

El guardia de seguridad estalló en una gran carcajada.

—¡Olvídalo! —dijo, y se fue.

Nazim entendió lo que sucedía. Además de sufrir la censura sobre sus obras escritas, de ahora en adelante le impedirían escribir nuevos poemas. Lo embargó una gran desilusión. No obstante, en los meses siguientes, a pesar de las torturas sufridas y la terrible soledad en la que estaba inmerso, Nazim no se dejó decaer y logró idear un plan genial para seguir escribiendo, así no tuviera a disposición lápiz ni papel: aprendió a elaborar mentalmente los versos. Necesitó mucha disciplina, pero con el tiempo logró escribirlos en la mente. Eran versos limpios, fuertes y útiles.

Pero no se limitó a hacer esto. Apenas le permitieron tener visitas, pidió ver a la persona apropiada para completar la última fase de su plan: hacer que su obra saliera de la cárcel y difundirla al mundo.

Conocía al cómplice ideal. Era Aiscé Jelilé, una pintora anciana y culta, de la cual se decía que había sido la mujer más bella de toda Turquía. Era su madre, y ella no le tenía miedo a nadie. Vieja y enferma,

caminaba por las calles de Estambul con un cartel que decía: "Liberen a Nazim Hikmet".

Aiscé se aprendió de memoria los fragmentos que su hijo le susurraba en la sala de visitas. A la salida de la cárcel, no tenía nada que Hakan, Hasan o Ibrahim pudieran confiscarle. Las poesías de Nazim volaron fuera de la cárcel y empezaron a difundirse por todo el mundo. La censura no pudo detener a esa mente lúcida y tenaz.

Una de estas poesías se volvió un himno de los presos políticos. Se titula "Algunos consejos para quien afronta muchos años de cárcel". Dice así:

Si en vez de que te ahorquen
te encierran en la cárcel
por no haber renunciado a esperar
en el mundo, en el país, en tu pueblo,
ponte de pie y vive.
Podrá no ser placentero,
pero es tu solemne deber
vivir todavía un día más
para molestar al enemigo.
Lee y escribe sin descanso,
es posible,
para que la joya
que está a la izquierda en tu pecho
no pierda su claridad.

En 1949 estaba todavía prisionero en esa celda de piedra. Habían pasado once años. Nazim decidió hacer una huelga de hambre, es decir, una protesta pacífica pero extrema contra esa detención absurda. Mientras su cuerpo, día a día, se debilitaba, su fama de poeta aumentaba en todo el mundo. Alarmados por esta situación, algunos escritores europeos decidieron organizar una comisión para solicitar su liberación. Al Gobierno turco empezaron a llegarle cada vez más mensajes de protesta de parte de las personalidades más prestigiosas de la cultura mundial. Entre estos, había un mensaje firmado por Pablo Picasso. Finalmente, en julio de 1950, después de doce años de prisión, Nazim Hikmet fue liberado. En total, vivió dieciséis años de su vida en la cárcel. La poesía, por la que antes fue condenado, ahora lo devolvía a la vida y a la libertad. Nazim tenía razón: la poesía es útil para el hombre. Y es indispensable para esa joya que está en la parte izquierda del pecho.

Fuerte como el destino
NO AL FASCISMO:
ARTURO TOSCANINI
14 de mayo de 1931

—¡Es un horror, ni siquiera voy a hablar de eso! —gritó Arturo Toscanini, muy consciente de que su voz se escuchara fuera del recinto y por todo el Hotel Brun, en Boloña.

—Se lo ruego, maestro, por favor comprenda —insistió con dulzura el escritor Giuseppe Lipparini.

Era el 14 de mayo de 1931. Lipparini había organizado un concierto en el Teatro Comunal de Boloña, en memoria de Giuseppe Martucci, un músico y director de orquesta fallecido años atrás. Para la dirección de este concierto, invitó al músico más famoso del mundo: Arturo Toscanini, una autoridad indiscutible. Tenía sesenta y cuatro años, el cabello totalmente canoso alrededor de la cabeza y calvo arriba; ojos penetrantes que casi chuzaban como alfileres. Era genial, incansable y autoritario. Había quien afirmaba que, cuando dirigía la orquesta, era como "el destino que llega infalible e inexorable". Toscanini era consciente de sus capacidades, del éxito merecido y de la enorme atención que suscitaban sus hazañas, y no solo las musi-

cales. De hecho, él despreciaba la dictadura que había instaura-
do Benito Mussolini en Italia y no perdía la menor oportunidad
para criticarla.

Y ahora el organizador del concierto, además de las piezas
acordadas del difunto Martucci, le pedía dirigir unas piezas
"fuera del programa".

—Se lo ruego, el teatro está repleto de boloñeses —le su-
plicaba el organizador—. Están usando sus mejores vestidos de
gala. Y vinieron por usted.

—¿Y quién más está? ¿Y qué quiere? —gritó Toscanini. Y
luego, señalándolo a los ojos, lo conminó—: ¡Diga la verdad!

Lipparini bajó la cabeza. Esa noche estaba prevista la presencia en el teatro del ministro Costanzo Ciano y de Leandro Ar-
pinati, un importante director deportivo. Ambos eran fascistas.
Y había entre el público otros altos mandos del Gobierno. Esto
era suficiente para enervar a Toscanini, pero no era lo peor.

—Es lo siguiente, maestro, ellos le extienden una petición…
sencilla. Ellos querrían que la primera pieza del programa fuera… la *Marcha real* y, luego…, el himno fascista. Y que usted los
dirigiera.

Esta vez los alaridos de Toscanini fueron tan potentes que
Carla, su esposa, quien estaba en la habitación de al lado, acudió
de inmediato a ver qué pasaba.

—Podríamos hacer lo siguiente —propuso Lipparini, pasándose un pañuelo por la frente bañada de sudor—. Que el primer
violín dirija el himno fascista. Luego dejamos pasar unos minutos antes de que usted aparezca al público. ¿Qué opina?

—¡Digo que no!

—¡Y después mando llamar una banda! —insistió, pasándose el pañuelo por el cuello de la camisa—. Tocarán la marchita y se irán. Usted ni siquiera los verá. Ni los oirá. ¡Le suplico, dígame que sí!

—¡De ninguna manera!

—Pero ¿por qué? —preguntó Lipparini.

—Porque esa "música" arruinará la atmósfera —respondió secamente el maestro. Permaneció un momento en silencio, como si estuviera reconsiderando la propuesta. Pero después explotó—: ¡No me presto para semejantes payasadas!

Mientras tanto, las autoridades estaban sentadas frente a platos abundantes de *tortellini*, en un restaurante no lejos del teatro. Estaban muy poco preocupados por llegar a tiempo al concierto, pero Lipparini no lo sabía. Al pobre organizador no le quedó más que apelar a las capacidades de persuasión de Carla Toscanini. Si los fascistas no obtenían lo que querían, la velada podía transformarse en una tragedia. La mujer fue al restaurante y, con palabras cordiales pero firmes, les explicó al ministro y a sus subalternos la posición de su marido. Estos hombres le dijeron que no se preocupara y siguieron comiendo y tomando vino tinto. Todo parecía arreglado.

Arturo Toscanini decidió salir del recinto, subió a su automóvil y se dejó llevar por Emilio, su conductor, hacia el teatro. En la vía entrevió a la banda musical de los ferroviarios, que se alejaban de la plaza cabizbajos. Ya no los necesitaban.

Pero justo cuando el automóvil estaba llegando frente al Teatro Comunal, Toscanini notó un nutrido grupo de hombres que estaban esperándolo. Estaban visiblemente alterados, tenían la mirada siniestra y vestían camisas negras, el uniforme de los fascistas. Una vez que les informaron sobre la negativa de Toscanini, decidieron darle una lección al músico. Todo sucedió muy rápidamente. Toscanini se bajó del automóvil y se dirigió hacia la entrada de los artistas. Gritos. Insultos. Manos que se levantaban contra él. Una fuerte bofetada lo golpeó en la mejilla izquierda. El maestro cayó al suelo. Apenas comprendió lo que estaba sucediendo, Emilio se arrojó fuera del automóvil, levantó a Toscanini y lo metió de nuevo al vehículo. Luego se lanzó contra los agresores y, atestando bien uno que otro puñetazo, logró él solo poner en fuga a toda esa banda de bellacos. El concierto se canceló.

Durante los días siguientes, apenas pudo, Toscanini se fue de Italia y declaró que no volvería hasta que no se fuera el fascismo. Y así lo hizo. La noticia de que uno de los más grandes artistas del momento recibió una bofetada se difundió por todo el mundo. Toscanini había previsto el escándalo que ese suceso suscitaría. Aunque fue el resultado de sus decisiones, el exilio le reveló al mundo cuál era el verdadero trato que le daba el fascismo al arte, a la belleza, a la libertad. Logró resarcir la bofetada recibida, y su estado era fuerte como "el destino que golpea, infalible, inexorable".

¿Y el homenaje a Martucci? Pues lo honraron sesenta años después: el 14 de marzo de 1991, Riccardo Chailly dirigió sus composiciones en el Teatro Comunal de Boloña.

El país de los justos

No al colaboracionismo: Le Chambon-sur-Lignon

23 de junio de 1940

Ese día todo el mundo pensó: "Puede lograrlo: si Adolfo Hitler pudo derrotar a Francia, puede ganar la Segunda Guerra Mundial". Ese maravilloso país, que siempre fue el refugio de todos los perseguidos del mundo, se había rendido. Y ahora Hitler humillaba a su antiguo enemigo, imponiéndole una rendición terrible.

Era el 22 de junio de 1940. Francia se dividió en dos territorios: Francia del Norte, ocupada por el ejército alemán, y la del Sur, libre.

Hitler no respetó jamás acuerdos ni límites y, no obstante, también en el Sur había ciudadanos franceses que se definían como "colaboradores". Estas personas, que por miedo u oportunismo, estaban dispuestas a apoyar al régimen. Entonces, los arrestos y deportaciones no se detendrían en el límite entre los dos Estados. Ese día todos creyeron que habían llegado al borde del abismo.

El 23 de junio, como todos los domingos, los habitantes de Le Chambon-sur-Lignon fueron a misa. Incluso ese pueblito incrustado entre las montañas, en la parte libre de Francia, empezaba a temer lo peor. Sus habitantes eran los últimos descendientes de los hugonotes, una minoría religiosa que en los siglos anteriores sufrió muchas persecuciones. Quizá por esa memoria antigua y dolorosa eligieron vivir en el silencio y el aislamiento del Macizo Central. Era una nutrida comunidad, hombres y mujeres de pocas palabras pero de espíritu franco y concreto. En la fachada de mármol de su iglesia estaba inscrita la siguiente frase: *Aimez-vous les uns les autres*. "Amaos los unos a los otros". Cualquiera que cruzara el umbral estaba obligado a leerla. Y cualquier habitante del pueblo trataba de respetar esa frase, tanto como le fuera posible.

Como todos los domingos, tomaron sus puestos en el templo protestante y esperaron la llegada del pastor, André Trocmé. En ese mismo momento, Adolfo Hitler paseaba tranquilo por las calles repentinamente vacías de París.

Los fieles se preguntaban qué diría Trocmé en el sermón dominical. ¿Hablaría de los hechos del día o se limitaría a comentar las Sagradas Escrituras? Él era un pacifista convencido, jamás invitaría a sus fieles a defenderse con armas ni a colaborar. ¡No obstante era imposible continuar viviendo como si nada estuviera pasando!

Cuando el pastor apareció, nadie notó ninguna diferencia respecto a los días anteriores. Vestía la usual sotana negra, de amplias mangas y con dos bandas blancas en el pecho. Su rostro alargado, con bigote bien arreglado, anteojos redondos de acero y muy bien peinado daba la habitual impresión de que era un hombre serio. El sermón no se alejó de aquel del domingo anterior; quizá fue un poco más apresurado. Pero en un momento dado, Trocmé se quitó los anteojos y miró directamente a los ojos de los fieles. Después, con voz cambiada, continuó:

—Hasta este punto ustedes han escuchado lo habitual. No obstante, quiero añadir un nuevo llamamiento: desde hoy tendremos que cambiar nuestro modo de vida.

Cada uno de los presentes sintió que el pastor estaba por anunciar algo muy importante. Les estaba proponiendo una prueba.

—Tratarán de someternos a nosotros y a nuestras familias a la doctrina de la violencia. Si no logran doblegar nuestros espíritus, tratarán de hacerlo con nuestros cuerpos. El deber cristiano es oponerse a la violencia de ellos con las armas del Espíritu.

Entre las bancas de la iglesia se elevaron suspiros de desilusión, de rabia, de miedo.

—Aquí vamos otra vez —susurró una voz desilusionada—. ¡Ahora volverá a decirnos que debemos amar al enemigo!

—O de pronto nos invitará a colaborar con el enemigo —respondió otro, en tono sarcástico.

—¿Y quién dijo que no sea bueno colaborar? —concluyó una voz atemorizada.

Trocmé interrumpió el murmullo con voz clara y firme:

—¡Hermanos, les pido a todos ustedes que no colaboren con quien utiliza la violencia! Amar, perdonar, pero sobre todo, hacer el bien es nuestro deber.

Los habitantes enderezaron la espalda. El corazón les latía fuerte en el pecho. Eso era lo que se debía decir.

—¡Resistiremos, mientras nuestros adversarios quieran de nosotros un comportamiento distinto al que enseña el Evangelio! —dijo el pastor Trocmé. Entonces concluyó—: Lo haremos sin miedo, pero también sin orgullo ni odio.

Como cada domingo, los habitantes de Le Chambon salieron de la iglesia y volvieron a sus casas. Eran los mismos de siempre, pero, no obstante, se sentían distintos. Dentro de ellos se encendió una luz tan fuerte que iluminaba esa noche en la cual Europa se derrumbaba. Ahora sabían qué hacer.

El Gobierno francés no protegía a hombres, mujeres y niños perseguidos por el régimen nazi. Además, ahora los arrestaba y los hacinaba en campos de reclusión, para luego entregarlos directamente a sus perseguidores. Sin embargo había hombres y mujeres valerosos que fundaron asociaciones humanitarias. Estas asociaciones podían entrar a los campos y, con la excusa de prestar ayuda a los prisioneros, con frecuencia incluso lograban que huyera alguno, especialmente niños. Una vez que estaban fuera de allí, los habitantes de Le Chambon los acogían y los escondían en sus casas. Cuando la Gestapo iba a buscarlos, los residentes ayudaban a los fugitivos a huir entre los bosques, que conocían a la perfección. Con frecuencia, los llevaban hasta la frontera con Suiza, donde otros fieles protestantes los ayudaban y estaban listos para cuidarlos.

Como Trocmé lo había previsto, los habitantes de Le Chambon-sur-Lignon sufrieron intimidaciones y violencia. A Daniel Trocmé, hermano del pastor, lo deportaron a Buchenwald, donde murió. A André lo arrestaron y luego lo liberaron. Pero ningún habitante de Le Chambon traicionó su deber. Gracias a ellos fue posible salvar a cincuenta mil perseguidos. Entre ellos, tres mil o tres mil quinientos eran judíos, y en su mayoría eran niños.

También hoy hombres, mujeres y niños recorren Europa huyendo de la guerra y de la pobreza. En 2016 el Gobierno francés autorizó acoger a un cierto número de refugiados, como vienen llamados hoy en día, para que vivan en las distintas partes del país. La región de Auvernia-Ródano-Alpes debe recibir a 1784

de ellos. Según algunas autoridades locales, este número es demasiado alto y por ello han protestado.

Pero Le Chambon es una de las provincias de esa región en la cual los habitantes declararon estar contentos de hospedar a nuevos hermanos. En la fachada de la iglesia de Le Chambon todavía está la inscripción de siempre. Y sus habitantes, tanto como puedan, siguen respetándola.

El arquitecto que no construía casas
No a la impunidad:
Simon Wiesenthal
1945-2005

El 5 de mayo de 1945 los soldados estadounidenses liberaron a los prisioneros del campo de concentración de Mauthausen. La Segunda Guerra Mundial terminó y Simon Wiesenthal estaba vivo.

A Simon lo habían deportado porque era judío. Durante esos años de prisión estuvo sometido a torturas y privaciones de todo tipo. Pero ¡estaba vivo!

Apenas el cuerpo se lo permitió, franqueó la reja del campo y emprendió su viaje. Tenía ganas de volver a abrazar a su esposa, Cyla, a sus familiares y a sus amigos; quería tener hijos y volver a ser arquitecto. Afuera de la reja lo esperaba un panorama esquelético. Pero no solo había ruinas y destrucción, ¡para nada! También estaba la naturaleza, que se obstinaba en renacer; estaban el pan, el sueño, las hojas y los colores; estaban el río y los perros. Las ciudades estaban destruidas, pero ya uno que otro se agachaba a recoger los escombros para volver a construir lo destrozado. Afuera de la reja estaba el mundo, que quería volver a la vida.

Pronto se pudo dar cuenta de que faltaban dos cosas a este llamado: sus compañeros de prisión y sus perseguidores. ¡Todos desaparecidos!

No necesitó mucho para descubrir la verdad. Los nazis asesinaron a más de seis millones de judíos, millones de gitanos, polacos y otros seres humanos que ellos consideraban "inferiores". Al final de la Segunda Guerra Mundial, después de que Alemania saliera derrotada, muchos de los perseguidores lograron obtener documentos falsos para huir a otros continentes. De esta manera se proponían borrar su rastro y deseaban que, con el tiempo, el mundo olvidara sus crímenes y, en consecuencia, quedaran impunes.

De sus más de ochenta parientes, no se salvó nadie. La guerra terminó. Él estaba vivo. Y estaba solo. "¿Qué sentido tiene salvarse si solo te salvas tú?", se preguntó. Era una pregunta terrible, pero necesaria. Reflexionó largo tiempo sobre esa interrogante, incluso durante toda su vida. La respuesta que se dio fue siempre la misma, la única posible para él. "Quiero ser el portavoz de esos millones de víctimas —se dijo—; quiero mantener su memoria viva. Y no quiero que llegue un día en que los hombres, mirando hacia atrás en la historia, digan: 'Los nazis asesinaron a millones de personas, pero lograron salirse con la suya'".

Desde ese día en adelante, hurgó todos los archivos que encontró; entrevistó a todo tipo de testigos; reunió hasta la prueba más sencilla de los crímenes y criminales nazis. El mundo no era lo suficientemente grande como para darles un refugio seguro e inalcanzable. Los encontraría uno a uno, para entregarlos a la justicia. Esa y solo esa sería su ocupación. ¿Cómo podría retomar su profesión de arquitecto, reconstruir casas y hacer como si nada hubiera pasado? "Ante todo, es necesario reconstruir la justicia", se dijo. Y comenzó a hacerlo.

Solo cometió un error. Estaba convencido de estar solo en el mundo, pero Cyla, su esposa, también sobrevivió a la guerra. Cuando lo supo, corrió a abrazarla. ¡Nunca antes ningún error lo hizo tan feliz! De inmediato tuvieron una hija, y no se dejaron nunca más.

Abrió un despacho en el cual organizaba y estudiaba fotografías, cartas y testimonios. Gracias a estos documentos, Wiesenthal reconstruyó paso a paso las vías de escape de los criminales. Y logró atraparlos.

Ese hombre tranquilo y corpulento, con la cabeza brillante y calva, las orejas un poco salidas y el bigote bien arreglado, se convirtió en la pesadilla de los nazis. Esos despiadados criminales que exterminaron a millones de hombres y mujeres empezaron a temblar en sus escondites, temiendo que él los encontrara. Pronto le endilgaron el sobrenombre de "el cazador de nazis", una definición que a él no le gustaba. No era un agente secreto ni un aventurero, sino un hombre obstinado. Él no buscaba venganza, sino justicia. Y lo hacía valiéndose de su intuición e inteligencia. Colaboró con los servicios secretos de muchos países y organizó una densa red de informantes, que se difundió en todos los rincones del mundo.

Además de una poderosa inteligencia y una extraordinaria tenacidad, Wiesenthal supo utilizar al máximo otro recurso: el tiempo. Cuando un hombre se propone un objetivo que constituye su sentido de la existencia, de repente el tiempo es un aliado. El cuerpo se vuelve fuerte como las ideas que lo animan y no importa cuánto lo hayan ofendido o golpeado. Un hombre justo se vuelve una figura fuerte e insuperable, y ninguna meta se vuelve inalcanzable para él.

Así fue para Wiesenthal. Apenas ideó su proyecto, su cuerpo empezó a restablecerse, su mente adquirió vigor. En más de sesenta años de actividad, logró sacar de sus escondites y entregar a la justicia a más de mil cien criminales nazis. No construyó casas, pero creó las bases para que el mundo permaneciera en pie.

Una vez, un sobreviviente del campo de Mauthausen-Gusen le preguntó:

—¿Por qué al terminar la guerra no volviste a ejercer la arquitectura? Yo soy joyero, pero ¡construir casas también es un oficio bello!

Con un brillo en sus ojos oscuros, Wiesenthal respondió:

—Cuando lleguemos al más allá y millones de judíos muertos en los campos de concentración nos pregunten qué hemos hecho, tú dirás: "Fui joyero". Otro dirá: "Construí casas". Yo podré decir: "*No* los olvidé".

Olvidar el resto

No a las armas nucleares: Albert Einstein

9 de julio de 1955

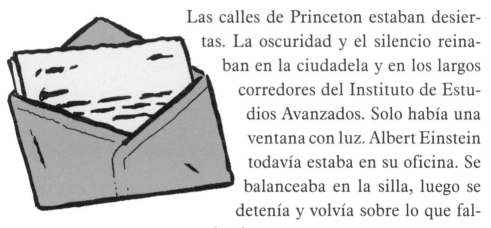

Las calles de Princeton estaban desiertas. La oscuridad y el silencio reinaban en la ciudadela y en los largos corredores del Instituto de Estudios Avanzados. Solo había una ventana con luz. Albert Einstein todavía estaba en su oficina. Se balanceaba en la silla, luego se detenía y volvía sobre lo que faltaba de una carta.

A los sesenta y seis años era mundialmente reconocido como la mente más brillante de su época, el científico que con sus teorías revolucionó el concepto del tiempo y del espacio, y que con sus declaraciones influyó en el curso de la historia. Esa noche, después de tantos años, volvió a visitarlo un viejo problema sin resolver.

Las ramas de los árboles golpeaban las amplias vidrieras del Instituto en el cual dictaba clases desde 1933, es decir, desde que se salió de Alemania. Adolfo Hitler había promulgado leyes raciales y a Einstein, que era de origen judío, no le quedó más remedio que trasladarse a Estados Unidos.

Aún con el océano de por medio, los nazis siguieron persiguiéndolo. Quemaron sus escritos en horribles hogueras de libros, eliminaron todos sus valiosos descubrimientos en otros libros y, lo que es peor, asesinaron a todos sus familiares que aún estaban en Europa, en represalia contra él.

En 1939 Einstein se enteró de que los científicos del Tercer Reich estaban trabajando en la bomba atómica. Su confianza en el diálogo y la paz tambaleó. Einstein tuvo un gesto del cual se arrepentiría toda su vida: junto a otros científicos, envió una carta al presidente de Estados Unidos, Franklin Delano Roosevelt, para informarle sobre el peligro que corría el mundo y para solicitarle la realización de la bomba atómica estadounidense, tan pronto como fuera posible. Probablemente los científicos estadounidenses ya estaban desde tiempo atrás trabajando en esa directriz. De hecho, Einstein nunca supo cuánto influyó su carta en la decisión del presidente o si la aceleró. El 6 de agosto de 1945 la aeronáutica militar estadounidense soltó la bomba atómica en Hiroshima, una ciudad japonesa. Tres días después hizo lo mismo en otra ciudad: Nagasaki.

Habían pasado diez años desde entonces. ¡Qué noche tan espectral y cuántos recuerdos espantosos vinieron a su mente! Pensó en los tres fantasmas del cuento de Charles Dickens, *Cuento de Navidad*. Sus fantasmas decidieron representarse en una noche perfecta para los espectros. Pero vino solo uno, porque reunía en sí mismo el pasado, el presente y el futuro. Era un fantasma eterno y formulaba solo una pregunta: ¿es posible eliminar la guerra?

La carta que apretaba entre las manos tenía semejante interrogante. Se la envió Bertrand Russell, un importante filósofo

y matemático inglés. Como él, Russell también obtuvo el Premio Nobel y, como él, también era exiliado. A pesar de los dos conflictos mundiales que trataron de aniquilarlo, el hombre no había repudiado la guerra como instrumento útil para resolver los desacuerdos. Al contrario, ya se perfilaba en el horizonte una nueva pesadilla, más grande y terrible que la precedente: la guerra nuclear. En marzo de 1954, Estados Unidos probó la bomba de hidrógeno en el atolón Bikini, en el océano Pacífico, una bomba mil veces más potente que la que soltaron en Hiroshima.

Había llegado el momento en que los intelectuales harían sentir su voz. Bertrand Russell decidió escribirles a los poderosos del mundo una carta con el análisis documentado del riesgo que se corría con una guerra que combatiera con ese tipo de armas: significaría la extinción de la especie humana. Si esa declaración estuviera firmada por Albert Einstein, el mundo no podría ignorarla.

Einstein se pasó la mano por el espeso cabello blanco y de repente se sintió muy cansado. Otra carta que firmar. Otra responsabilidad frente al mundo entero. ¿Y si esa carta generara un efecto imprevisto? ¿Y si la gente lo malinterpretaba? ¿O si ya era demasiado tarde? Metió la carta en el bolsillo de su saco. Se levantó de la silla. Dio una última ojeada a su estudio. Apagó la luz y se estuvo allí durante un buen rato, todavía de pie, en la oscuridad.

En ese silencio y la total oscuridad lograba percibir todos los objetos dispuestos en el espacio. Recorrió lentamente los años transcurridos entre esas paredes, los razonamientos, los cálculos, los proyectos, las invenciones, las iluminaciones, los errores. Desde ese recinto, sus palabras, sus ideas, sus chistes irónicos, sus declaraciones mordaces llegaron a todos los rincones del planeta. Pensándolo bien, había tenido una buena vida. Le gustaba pensar que incluso había sido útil. Estaba convencido de que la vida no era digna de ser vivida sino por alguien más. Comprendió a fondo las posibilidades de la mente humana y asumió esa responsabilidad. Amó la ciencia, sí, pero también a la humanidad.

A pasos lentos se dirigió a su casa, disfrutando de la frescura de esa noche de abril. Tocó la carta en el bolsillo, sintió que le latía fuerte el corazón. Mañana decidiría. Por esa noche, no le prestaría atención al fantasma. Dejaría que las agujas del reloj en la fachada del Instituto cumplieran su ciclo obligatorio, que el viento barriera las hojas de la calle, que los búhos ulularan escondidos entre las ramas. Mañana asumiría su responsabilidad frente al mundo. Todavía había tiempo. Era experto en ese tema.

El 18 de abril de 1955, Bertrand Russell estaba en un vuelo de Roma a París. Un anuncio repentino alertó a los pasajeros de una terrible noticia: Albert Einstein acababa de morir.

En la aeronave cundió un profundo silencio. Ese era un día de luto para la humanidad entera, pero lo era aún más para el filósofo inglés. Su importante solicitud no tendría la firma más prestigiosa. Tal vez sin la firma de Einstein la carta pasaría inadvertida.

Sin embargo cuando en la noche llegó a su hotel parisino le entregaron una carta. Era la respuesta de Albert Einstein: en la declaración de desarme nuclear estaba su firma.

El documento se leyó públicamente en Londres el 9 de julio de 1955 y de inmediato le dio la vuelta al mundo. Al final del documento había una frase. No la escribió Einstein, pero ciertamente le habría gustado mucho hacerlo. Era una solicitud para poner de lado las diferencias y las divisiones entre hombres y mujeres de todo el mundo, las mismas personas que él había amado y tratado de proteger.

Rezaba así: "Recuerden su humanidad, y olvídense del resto".

Una flor en el cabello

No a la discriminación: Rosa Parks

1 de diciembre de 1955

Afuera de la ventanilla empañada se ve poco y hay poco para ver. El autobús se desplaza en la oscuridad, sin prisa. Las calles de Montgomery están vacías, como el lecho de un río seco. Las luces de los semáforos son inmóviles ojos de cíclope. Las señales intermitentes se balancean con el viento, prendidas, apagadas, prendidas, apagadas.

Cuando el bus se desliza en el negro profundo de la noche, la ventanilla se vuelve un espejo: devuelve la imagen de quien la observa. Entonces esa mujer soy yo. Me miro.

Es el día 1 de diciembre de 1955. Tengo cuarenta y dos años. Se ve en los labios, porque los tengo apretados, no como cuando era niña y reía, reía siempre, porque reír era como beber, como cantar. Se ve en mis ojos ahora tan atentos. Luminosos, sí, encendidos y vivos. Pero atentos. Siempre atentos, ahora. Como si no bastaran dos ojos para estar de verdad atentos. Como si tuviera miedo. Mi cabello no; este siempre ha sido bello. Y más bello se ve con esa florecita que me he puesto cerca de la sien. La flor blanca, mi cabello negro, mis ojos negros, mi piel negra. Nos miramos un poco esta mujer y yo. Estamos cansadas, volvemos del trabajo, volvemos a casa y todo este regreso parece estar detenido. O tal vez parece que el autobús, más que acercarse a la meta, se aleja de ella, o parece estar detenido. "¿Llegaremos en algún momento?", nos preguntamos esta mujer que me mira y yo. Luego perdemos el interés mutuo y dejamos de mirarnos.

Observo las cabezas de los otros pasajeros. Se balancean soñolientas y mudas. Cuando el autobús se detiene, uno que otro se despierta a mirar por un instante. Los demás siguen durmiendo; quizá sus cuerpos ya están adiestrados al viaje y saben despertarse justo en su paradero. O quizá estas cabezas no van a ninguna parte y solo están aquí para dormir.

Ahora el autobús está lleno. Y este nuevo pasajero no encuentra puesto. Lleva un sombrero grande que le oculta el rostro. Se acerca y me mira. Más tiempo de lo normal. Luego se aleja y pienso que finalmente el autobús volverá a arrancar. El pasajero habla con el conductor. El conductor se levanta y camina a lo largo del corredor. Se detiene, me mira, me hace señas de que me levante. Debo cederle el puesto al nuevo pasajero. No es la primera vez que me sucede. El hombre del sombrero tiene la piel blanca y yo no. Yo soy *coloured*, de color, negra, y nosotros los *coloured* tenemos puestos solo en la parte de atrás del bus. No podemos estudiar en las universidades más prestigiosas, no podemos ir a bailar en los sitios de moda, no podemos comer en los restaurantes, no podemos desempeñarnos en varios trabajos de prestigio. Nuestros salarios son siempre más bajos y todos los días alguien se inventa alguna cosa nueva para impedirnos votar.

El conductor me dice "Levántate"; "Rápido". El pasajero no se quita el sombrero. Pretende apoderarse de ese puesto. Sé que

dentro de poco le pedirá al controlador que llame a la Policía, pues mi conducta es "inapropiada".

El conductor me dice "Levántate". El pasajero con el sombrero le dice al conductor: "Llame a la Policía". Un pasajero sin sombrero me dice "Van a arrestarte". Las cabezas duermen. El próximo paradero es el mío, ya casi llego, pero el autobús está detenido.

El conductor me dice "Levántate". El pasajero me dice "Levántate". Las cabezas mudas me dicen "Levántate", queremos volver a casa.

Y yo me pregunto en qué época nos movemos tan lentamente. Desde hace cuánto viajamos en la oscuridad. Desde hace cuánto el tiempo se detuvo. Por qué esta historia no avanza, por qué razón el autobús no arranca y esas cabezas siguen durmiendo. Por qué debo levantarme. Quizá la manera justa de combatir una injusticia es comportarse como si no existiera tal.

Pero si ahora no me levanto, alguien dirá después que solo lo hice porque estaba cansada.

Pero no es cierto. O quizá sí, estoy cansada de cederle el puesto a la prepotencia. Todos me dicen "Levántate". Yo digo *no*.

Llaman a la Policía. Llegan dos oficiales. Saben ser eficientes estos policías de Alabama. Me dicen "Levántate o te arrestamos". Yo miro en el espejo de la ventanilla. Esa mujer que sonríe soy yo. Las comisuras de los labios se me levantan, ¡hace cuánto que no eran así de brillantes mis ojos! Es la sonrisa de quien no tiene miedo, porque está haciendo lo que es justo.

Digo *no*, una vez más. Y he aquí que ocurre una magia inesperada. El tiempo se pone a tono. Rápidamente, ay, muy rápidamente. No hay ni un minuto para perder. Me conducen a la cárcel, me fotografían. Detenida No. 7053. Me arreglo la flor y sonrío. Me liberan. Alguien ha pagado la caución. Se imprimen y reparten diez mil volantes. Hablan de mí. Ahora todos saben lo que me sucedió. Cuarenta mil personas llegan a la plaza. Durante 381 días mi gente boicotea los buses. Ninguna violencia, ningún acto ilegal. Todos los pasajeros negros durante más de un año se desplazan a pie. La empresa de transporte está a punto de quebrar.

El 13 de noviembre de 1956, la Corte Suprema de Estados Unidos establece que todos los pasajeros, sin ninguna distinción, tienen los mismos derechos. La "segregación racial" en los medios de transporte queda abolida.

Me acomodo otra flor en el cabello. Y sonrío como quien no tiene motivo para tener miedo.

Domingos incluidos
NO A LA ESCUELA CLASISTA: PADRE MILANI
1956

El sacerdote estaba inmóvil, sentado en una enorme piedra, justo frente al umbral de la masía. Estaba ahí desde hacía más de tres horas y no tenía intenciones de irse.

—¡O me mandas a tu hijo o no me muevo de aquí! —repetía en voz alta.

Ya había llegado casi la hora de cenar. Empezaba a hacer frío. Isolda preparaba una sopa de repollo. Irvando estaba mirando al cura desde atrás de la cortina, sin dejarse ver. Gianni se había sentado a la mesa. Solo tenía seis años y miraba con curiosidad esa escena insólita.

—¡Tú sabes que te estoy viendo! ¡Estás detrás de la cortina! —gritó el sacerdote—. ¡O me mandas a tu hijo o no me muevo de aquí!

Era un cabeciduro ese hombre. O, mejor, ambos lo eran.

Isolda llenó una taza de sopa y miró al esposo.

—¿Qué hago? —preguntó.

—¿Qué quieres hacer? ¡Llévasela! —respondió Irvando.

No obstante, el sacerdote rechazó el plato.

—No me compran con un plato de sopa. ¡O me mandas a tu hijo o no me muevo de aquí! ¡Así me muera de hambre!

Exasperado, Irvando abrió la ventana y se asomó tanto que corría el riesgo de caerse.

—¡Vuelve a tu iglesia!

—¡Déjame hablar con Gianni! Se trata de su futuro, no del tuyo. ¡Yo lo cuidaré de todo corazón!

—¡Es mi hijo!

—Mío, tuyo…, no hay mucha diferencia. ¡O me lo mandas o no me muevo de aquí!

Irvando cerró la ventana a sus espaldas y fue a sentarse a la mesa. Por un instante miró su fusil, colgado arriba de la puerta.

—¡Irvando, no! —lo previno Isolda.

La mujer conocía bien a su esposo y sabía que, en realidad, detrás de esos ademanes bruscos se escondía un hombre generoso. Bordeó la mesa, sirvió la sopa y se sentó entre el marido y el hijo. En ese punto, Gianni, quien todo el tiempo había permanecido en silencio, elevó la cabeza del plato y dijo:

—Pero…

Isolda agarró con fuerza la mano del hijo, bajo la mesa, para darle valor secretamente. Sabía que, en momentos como esos, incluso una tímida objeción despertaría toda la furia de Irvando.

—¡Nada de "peros"! —gritó el hombre, golpeando la mesa con un puño, con tal fuerza que el plato se estremeció. La sopa lo salpicó en la cara. Isolda y Gianni contuvieron la risa.

Irvando se limpió el rostro con una servilleta y volvió a contar la misma historia. Ese cura allá fuera era el padre Milani, el nuevo párroco de Barbiana. Más que un pueblo, Barbiana era un caserío de poquísimos habitantes. La parroquia estaba sola en medio de la nada, sobre una serie infinita de curvas, a 470 metros sobre el nivel del mar.

—¡Seguro que lo mandaron acá por castigo! —dijo, cada vez más molesto—. ¡Ese tipo escribe libros, hasta tendrá ciertas ideas!

—Sí, ya nos has dicho eso… —susurró Isolda con ternura—. Pero ¿qué tipo de ideas?

Entonces Irvando narró lo que le dijo el padre Milani. Ese sacerdote estaba convencido de que el mundo estaba dominado por la injusticia y que era necesario darles esperanza a los jóvenes. Al comienzo, para acercarlos a la Iglesia, les enseñó a jugar fútbol y otros juegos, como hacían todos los curas.

Así logró acercarse a una juventud perdida e ignorante que, las más de las veces, no tenía otro interés más allá de pasar un rato de esparcimiento. Eran pobres y habían tenido que abandonar la escuela para ir a trabajar. Consideraban el juego y las vacaciones como un derecho y la escuela como un sacrificio. Nunca habían escuchado decir que a la escuela se va para aprender y que asistir a ella era un privilegio. Además, esa escuela no podría enseñarles nada, porque estaba dirigida a "Pedritos", como los llamaba el padre Milani.

—¿Y quiénes son los Pedritos? —preguntó Isolda.

—Los Pedritos son los hijos de los patrones —explicó Irvando, y se le quebró la voz—. El padre Milano quiere crear aquí, en Barbiana, una escuela de tiempo completo para los hijos de los campesinos. Pero nosotros necesitamos que nuestro hijo nos dé una mano con los trabajos del campo.

Miró a un punto lejano frente a él. Tenía lágrimas en los ojos.

—Las ideas de ese cura son… buenas —dijo con dulzura Isolda.

Gianni, que había presenciado toda la escena en silencio, apretó la mano de su madre y le preguntó:

—¿Puedo ir?

Irvando asintió con la cabeza. El chico se soltó de la madre y bajó a toda velocidad las escaleras.

El sacerdote todavía estaba allí. A la luz de la luna, su frente alta y con entradas se veía blanca.

—¡Vaya, te decidiste! —Fue la bienvenida hosca que le dio el sacerdote.

Gianni se puso de pie frente a él, y, con las manos en la cintura, le preguntó:

—¿Qué quieres?

—Quiero que vengas conmigo a la escuela.

—Por el momento, has convencido a mi padre. ¡Ahora debes convencerme a mí!

El padre Milani sonrió. Le gustaba la actitud del niño.

—La sede de la escuela está en dos recintos de la casa parroquial. Cuando hace buen tiempo, las lecciones se imparten al aire libre, en sillas reclinables. Escucharemos discos de cantantes extranjeros y trataremos de aprender esos idiomas. Habrá un taller con herramientas para aprender a trabajar la madera y a construir maquinarias. Nosotros mismos construiremos las sillas y bancos de la escuela. No habrá recreo, pero construiré una pequeña piscina para que aprendan a nadar en verano. Cuando haya nieve, esquiaremos. También nosotros mismos construiremos los esquís. Aprenderán a leer el periódico y a orientarse por los hechos. Cuando seas grande, serás tú quien dé las clases a los niños pequeños.

—Ya fuiste a otras casas —lo interrumpió Gianni—. ¿Cuántos te han dicho que sí?

—Seis…, incluido tú. Pero no te veo convencido. Cuéntame —preguntó el sacerdote—, ¿cuánto tiempo trabajas en el campo?

—Todos los días, incluido el domingo. Dieciséis horas al día.

—En la escuela solo estarás doce horas al día. El domingo incluido.

El niño estrechó la mano del sacerdote. Y no solo porque al ir a la escuela se ahorraría un montón de trabajo en el campo, sino porque se dio cuenta de que en verdad este hombre estaba preocupado por el futuro de los niños.

A la entrada de la escuela de Barbiana, el padre Milani y sus estudiantes colgaron un letrero que decía: *I care*. Era una frase en inglés. Todos los niños de la escuela conocían el significado. Era exactamente lo opuesto de ese vulgar "me importa un carajo" de los fascistas. *I care* significaba "a mí sí me importa, significa mucho para mí".

Kundun

NO A LA OCUPACIÓN MILITAR: DALÁI LAMA

1959-hoy

La vida de Lhamo Dondrub empezó como una fábula antigua. De hecho, una vez, a cinco mil metros de altura, en el altiplano del Himalaya, existía el Estado del Tíbet. En este país situado en el techo del mundo no había automóviles ni fábricas, sino monasterios y lugares de oración. No lo gobernaba un rey, sino una encarnación de dios: el dalái lama. Los habitantes de este país empleaban gran parte de su tiempo en la oración y la meditación. No deseaban bienes preciosos ni objetos de lujo, sino que trataban de perfeccionar su espíritu. Y creían firmemente en la reencarnación: es decir, pensaban que el alma del hombre, después de la muerte, volvía a la Tierra en otro cuerpo. En resumen, según ellos la muerte, a fin de cuentas, no existía.

Y así, cuando el decimotercer dalái lama murió, algunos monjes tibetanos salieron en busca de su nueva encarnación. Recibieron las pistas sobre la dirección que debían tomar de las aguas del lago sagrado de Lhamo Lhatso. Un monje tibetano, escrutando la plana superficie del lago, vio tres letras: *Ah, Ka* y *Ma*, acompañadas de la imagen de un monasterio de techo liso de color verde y oro, y de una casa con tejas de color turquesa.

Dos monjes se encaminaron hacia la región de Amdo y, a lo largo de la calle, encontraron una construcción con tejas turquesa. Era el templo de Kumbum. Poco distante del templo, surgía el monasterio de Karma Rolpai Dorje. Las iniciales de esos tres lugares coincidían con las tres letras vistas por el monje. *Ah* de Amdo, *Ka* de Kumbum, *Ka* y *Ma* de Karma Rolpai Dorje.

Entusiasmados por ese primer acierto, los monjes elaboraron un plan. Se vistieron de sirvientes y tocaron a la puerta de una casa, pidiendo hospedaje. En el interior de la casa había un niño de poco más de cuatro años de edad, que se llamaba Lhamo Dondrub. Uno de los monjes llevaba al cuello un rosario que perteneció al decimotercer lama. El niño lo notó y, saltándole al cuello al monje, le gritó:

—¡Eso es mío, devuélvemelo!

Y luego se dirigió a los monjes llamándolos por su nombre, como si los conociera desde hacía tiempos. Los dos hombres sacaron algunos objetos de sus alforjas. El niño las observó con atención. Y después escogió entre ellos un tamborcito y un bastón: esos objetos habían pertenecido al dalái lama difunto, y él los reconoció como si fueran de su propiedad.

No cabía duda: ese niño era la decimocuarta encarnación del dalái lama.

Lo condujeron adonde su familia en Lhasa, capital del Tíbet. Aquí volvieron a bautizarlo como Jetsun Jamphel Ngawang Lobsang Yeshc Tenzin Gyatso, que en tibetano significa 'Señor

Santo, Suave Resplandor, Compasivo, Defensor de la Fe, Océano de Sabiduría'. No obstante, los tibetanos, convencidos de encontrarse frente a la encarnación de dios, se limitaban a llamarlo Kundun, 'la Presencia'. En los años siguientes, el dalái lama dio prueba de su gran capacidad. Era inteligente, irónico y muy curioso. La vida del pueblo tibetano siguió serena por algún tiempo. Pero el cuento de hadas estaba por transformarse en una tragedia. Un día, tropas del ejército chino ocuparon el poblado de Lhasa: el presidente Mao Tse Tung decidió conquistar el Tíbet y convertirlo en la provincia china más moderna. Al comienzo, el dalái lama dio crédito de esas palabras y pensó que, en el fondo, algo de progreso no les haría ningún daño a los tibetanos.

Sin embargo bien pronto se dio cuenta de que el presidente de China tenía otras intenciones: quería erradicar todo culto del Tíbet, destruir los templos y convertir ese lugar único en el mundo en otro exactamente igual a las otras provincias chinas. Y para realizar su objetivo estaba dispuesto a lo que fuera, incluso a secuestrar al dalái lama o a ordenar su muerte. Cuando los tibetanos se dieron cuenta del riesgo que corría el dalái lama, rodearon su palacio. Estaban listos a morir para defender a Kundun, su dios. Vestido de soldado, hicieron salir al dalái lama por una puerta posterior de su palacio. Huyó a la vecina India y parte de su pueblo lo siguió, convencidos de que ese hombre era dios, que los protegería. Pero el dalái lama no podía hacer mucho por ellos, ni por sí mismo.

De hecho, ya era un rey sin reino, un dios sin templos. Un prófugo, igual que ellos. El ejército chino devastó el Tíbet y reprimió cualquier tentativa de rebelión.

El dalái lama se puso de inmediato manos a la obra para encontrar una solución a ese conflicto. Dijo que estaba dispuesto a renunciar a la independencia de su país, siempre y cuando los tibetanos pudieran continuar viviendo serenos y practicar su culto. El Gobierno chino lo invitó a volver a sus montañas: no había nada que temer, ninguna violencia en curso, ninguna destrucción de los templos; podía verificarlo él mismo.

El dalái lama envió a unos monjes de avanzadilla. A su regreso, ellos contaron la triste verdad: del antiguo cuento de hadas que era el Tíbet ya no existía la menor huella: los templos abatidos, la religión prohibida y los monjes perseguidos.

Entonces, ¿qué podía hacer para detener esa masacre? Empezó a viajar por el mundo y refirió a los jefes de Estado de todas

las naciones lo que estaba sucediendo. Su sola presencia fascina-
ba a un número cada vez mayor de personas y lograba así obtener
gran respaldo a su causa.

Pero la cuestión, incluso hoy, sigue sin resolverse. A quien
le pregunta qué siente por el enemigo que oprime su pueblo el
dalái lama responde:

—Nuestro enemigo es nuestro gran maestro. Sin un enemigo no se puede aprender de la paciencia y la tolerancia.

Todavía hoy en día el dalái lama vive en el exilio, pero sigue
esperando una solución.

—Escojamos ser optimistas —dice—. Se siente mejor.

El primer pasajero
NO AL RACISMO:
MARTIN LUTHER KING
28 de agosto de 1963

Habían transcurrido cien años desde la Proclamación de la Emancipación de Abraham Lincoln. Cuántas cosas habían cambiado durante ese siglo y cuántas tenían que cambiar todavía... Martin Luther King dio un último vistazo a la gran estatua del presidente: estaba sentado en un trono blanco, las manos sobre los apoyabrazos, la mirada seria, que se dirigía a la lontananza.

Esa estatua llegó hasta allí, hasta Washington, desde su tierra, Georgia. Por un instante le volvió a la mente el momento cuando, años atrás, se convirtió en pastor bautista y le asignaron la iglesia de Dexter Avenue, en Montgomery. Poco después, en esa ciudad arrestaron a Rosa Parks porque no quiso cederle el puesto en el autobús a un pasajero blanco. King se puso a la cabeza de ese movimiento de protesta y participó en el boicot a los medios de transporte público. Trescientos ochenta y dos días después, fue él el primer pasajero negro que viajaba en autobús al lado de un hombre blanco sin que nadie lo arrestara.

Así comenzó la historia del reverendo Martin Luther King. Habían pasado solo siete años desde 1956, y no obstante parecía que un siglo lo separara de ese joven pastor bautista, inexperto y vacilante. En esos años fue arrestado muchas veces por sus protestas, sufrió atentados, amenazas continuas, y ganó el Premio Nobel de la Paz. Ahora era considerado el jefe indiscutible del movimiento de los derechos civiles.

En 1963 ya parecía que los tiempos hubieran madurado lo suficiente para un cambio radical. Miró una última vez a Lincoln sentado en su trono de mármol y pensó: "¡Quién sabe quién extrajo, labró y transportó ese mármol de Georgia! Como en ese estado todavía no han superado el racismo...".

Salió del mausoleo y se asomó a la escalinata que llevaba a ese gran templo blanco. Doscientas mil personas, trescientas mil, según algunos, lo esperaban. Era como si los conociera a todos. Eran mujeres y hombres, blancos y negros. Habían marchado juntos para pedir trabajo y libertad, cantando, caminando codo a codo, y ahora todos estaban ahí, ante él, apretados a lo largo del gran estanque de agua y mucho más allá de él, hasta donde alcanzaba la vista. En la lejanía se destacaba la cúpula de la Casa Blanca. Ese viaje, que comenzó en un autobús en Alabama, lo había llevado lejos. Y ciertamente no tenía intenciones de detenerse.

Cuando apareció en la cumbre de las escalinatas del Museo Lincoln, la multitud explotó en una gran ovación. Al lado de Martin estaba su esposa, Coretta. Un poco más allá vio a su amiga Mahalia Jackson, una valiente activista, hija de un pastor protestante, pero, sobre todo, la voz más melodiosa y conmovedora que jamás se hubiera escuchado. Había aprendido a orar cantando, justo como hacían los fieles que iban a la iglesia de su padre. Durante esas ceremonias, con frecuencia sucedía que los fieles interrumpían la homilía con cantos y danzas, transformando el rito en una fiesta alegre. Cuando Martin Luther King se sentía bajo de moral, cuando el miedo o la duda lo atenazaban, la llamaba por teléfono y le decía: "Déjame escuchar la voz de Dios". Y Mahalia cantaba para él espléndidos góspeles.

La saludó con una inclinación de cabeza. Miró a la multitud. Era la manifestación más grande por la paz y el trabajo en la historia de Estados Unidos. Para esa ocasión, King había preparado un discurso espléndido.

Se acercó al micrófono y comenzó a leer:

—Hace cien años un gran estadounidense firmó la Proclamación de la Emancipación. Este decreto fundamental llegó como un amanecer radiante para ponerle fin a la larga noche del cautiverio. Pero ¡cien años después, el negro todavía no es libre!

La multitud aplaudió y King prosiguió con determinación su largo discurso de protesta. Pero en un momento se elevó una voz, como sucedía siempre en la iglesia:

—¡Habla del sueño!

Era la voz de Mahalia Jackson. Y para Martin Luther King esa era la voz de Dios.

—¡Habla del sueño! —insistió la mujer.

Martin Luther King puso aparte el discurso que había preparado y habló del sueño, ese sueño que arrastró hasta allí a miles de personas.

—Yo tengo un sueño —dijo con la mirada inspirada—. Sueño que un día sobre las colinas coloradas de Georgia los hijos de

los esclavos y los hijos de aquellos que eran propietarios de esclavos sean capaces de sentarse juntos en la mesa de la hermandad.

Ante semejantes palabras, toda la multitud en esa explanada
respondió:

—¡Sí!

Era una respuesta y era música. Era el sueño de todos y cada
uno. Incluso la enorme estatua de Lincoln a sus espaldas parecía
asentir satisfecha.

—Sueño que mis cuatro hijos pequeños vivan un día en una nación en la cual no sean juzgados por el color de su piel, sino por sus cualidades del carácter. ¡Ante mí hoy veo ese sueño!

Su voz se iba volviendo cada vez más apasionada y liberadora. Una emoción intensa empezó a difundirse entre la multitud. Martin Luther King estaba cantando.

—Sé que podremos trabajar juntos, orar juntos, luchar juntos, ir a la cárcel juntos, defender la libertad juntos, sabiendo que un día seremos libres. ¡Ese será el día en el cual todos los hijos de Dios sabrán cantar!

Extendió los brazos hacia la multitud, con las palmas abiertas hacia arriba. De repente, las cerró con fuerza. Fue como si hubiera agarrado el corazón de todos los hombres y mujeres que lo estaban escuchando.

—Negros y blancos, judíos y gentiles, católicos y protestantes sabrán unir las manos y cantar con las palabras del viejo *spiritual*, *Free at Last*, finalmente libres, finalmente libres. ¡Gracias, Dios omnipotente, finalmente somos libres!

Cuando terminó de hablar, para la multitud que lo había estado escuchando, fue de verdad como despertarse de un sueño. Fue como si ese sueño, por algunos minutos, se hubiera vuelto realidad. Con su canto, Martin Luther King hizo del mundo el lugar más bello para vivir. Ahora todos también deberían hacer lo mismo.

No al matrimonio reparador: Franca Viola

26 de diciembre de 1965

Hay un territorio que con el tiempo aprendemos a explorar. No es un lugar exótico de bosques espesos, ni un vasto océano atravesado por corrientes cambiantes. Ni tampoco es el misterioso cráter de un volcán al que se puede llegar escalando y luego bajar a su interior dejándose caer de la cuerda. Ese territorio es la combinación de todos esos lugares. Es nuestro cuerpo. Es el instrumento a través del cual vivimos en el mundo y lo modificamos. Nuestro cuerpo nos cuenta quiénes somos. Nuestros sueños, nuestros deseos. Y nos permite realizarlos. Con el tiempo, aprendemos a escucharlo, a ponerlo a prueba. Lo fortalecemos con el deporte, lo agitamos con la danza o lo dejamos broncear bajo el sol del verano. Nos pertenece y solo nosotros podemos decidir cuál es la manera correcta de usarlo.

Cuando a Franca la raptaron, apenas había comenzado este viaje. Desde hacía poco había aprendido a descifrar los latidos de su corazón, el rubor del rostro, las piernas flojas. Todas eran señales del amor, un deseo quizá todavía vago, pero con el que comenzaba a soñar.

A los diecisiete años su cuerpo estaba cambiando velozmente. En Alcamo, su pueblito siciliano, todos estaban admirados por su belleza: tenía el cabello largo y negro, la mirada penetrante y la sonrisa luminosa.

El día después de Navidad, vinieron trece personas a llevársela. Tumbaron la puerta de la casa y se la llevaron junto a su hermano menor. Al hermano lo devolvieron a los dos días, pero Franca permaneció secuestrada por otros seis días en poder de Filippo Melodia, el hijo de un mafioso local, autor intelectual del "plan".

Como si Franca fuera un objeto, un diamante raro que deseaba poseer pero que no podía permitirse comprar, decidió robarla. Y después de haberla raptado, la tuvo encerrada en su casa, sometiéndola al terror y a la violencia. Estaba convencido de que, de este modo, la doblegaría a ella y a sus padres, para obligarlos a que ella se casara con él. De hecho, para este hombre el matrimonio era un contrato que establecía quién era el propietario de esa preciosa joya. Y para siempre, porque en esa época no existía el divorcio en Italia.

Era un plan perverso, que no tenía en cuenta los sentimientos ni la voluntad de Franca. Sin embargo la ley italiana de esos días le daba la razón a él. El artículo 544 del código penal establecía que si un hombre abusaba de una mujer, tenía una manera de evitar la cárcel. ¿Cómo? Casándose con ella. La ley de la época consideraba que para una mujer no había nada más deseable y conveniente que el matrimonio mismo. Quién resultara ser el marido, o si lo había elegido ella o la habían obligado a la fuerza a casarse con él, eso no importaba para la ley.

¿Cómo es posible que la ley consintiera una injusticia tan terrible para las mujeres?

Quizá en parte se debía al hecho de que esa ley fue escrita por hombres y no por mujeres.

No obstante, en esa época muchos creían que una mujer ante todo debía salvar el "honor".

Si la mujer sufría una violencia, no debía denunciarla y pedir justicia, sino que debía mantenerla en secreto, hacer como si no hubiera pasado nada y aceptar el "matrimonio reparador", como se le decía entonces. Hasta ese momento, en casos similares se procedía de esa manera. Las mujeres habían aceptado, o las forzaron a hacerlo, ese resarcimiento. Los hombres violentos, conscientes de esa ventaja inequitativa a su favor que les ofrecía la ley, se aprovechaban de las circunstancias.

Después de seis días, Melodia llamó por el teléfono a Bernardo Viola, el padre de Franca, y le pidió la mano de su hija. Si no aceptaba, Franca quedaría bajo la mirada enjuiciadora de la gente. Todos sabían que la habían raptado, que ella ya había yacido con un hombre y, aunque hubiera sido en contra de su voluntad, ya estaba "deshonrada". Por eso él proponía un "matrimonio reparador". Bernardo fingió aceptar, pero apenas le dijeron dónde estaba retenida su hija, corrió a avisarle a la Policía. Liberaron a Franca y arrestaron a los secuestradores.

Ahora la decisión quedaba en manos de Franca. La habían ofendido, pero no doblegado. Estaba lúcida y consciente. Franca pertenecía solo a sí misma y nunca le había tenido miedo a nadie.

—Hija mía —le dijo Bernardo—, si no te casas con ese criminal, tendrás todo en tu contra. Te humillarán, te perseguirán, porque has perdido "el honor", como dicen ellos. Pero si te casas, tendrás que vivir toda la vida con ese monstruo. ¿Qué quieres hacer?

—No quiero casarme con él —respondió Franca, sin dudar un instante—. El honor lo pierde quien hace ciertas cosas, no quien las sufre.

—Está bien: tú tomas la decisión y yo te apoyo hasta la muerte —le respondió su padre.

Con esas palabras el padre de Franca quería darle a entender que ella tendría que comprometerse en esa batalla, pero que nunca estaría sola: él la ayudaría. Bernardo amaba profundamente a su hija y sabía que amar a una persona significaba respetarla, dejarla escoger libremente. Y luchar por proteger esa libertad. Y así lo hizo.

Franca denunció al secuestrador y a sus cómplices. Pero, durante el proceso, la prensa y el pueblo entero atacaron con frecuencia a Franca. ¿Por qué tuvo que ir al tribunal a contar sus problemas? ¿Por qué no se limitaba a aceptar la propuesta del "matrimonio reparador"? Franca se defendió con valor de esas acusaciones.

—Yo no soy propiedad de nadie, ¡nadie puede obligarme a amar a una persona a la que no respeto! —declaró.

Filippo Melodia fue condenado, junto a los otros secuestradores. Los familiares mafiosos de Melodia amenazaron a Franca y a su familia. Querían que ella nunca se casara en su vida, como si fuera un objeto de su propiedad. Franca no bajó la cabeza ni siquiera frente a ellos. El 4 de diciembre de 1968 se casó con Giuseppe. Ese hombre le había hecho palpitar el corazón y la hizo ruborizarse. Ahora Franca estaba lista para seguir el viaje en ese país misterioso que supo defender, en esa belleza todavía por conocer, por escuchar, por amar. Y que solo le pertenecía a ella.

Su ejemplo de valor animó a muchas mujeres a rebelarse contra el "matrimonio reparador". El artículo 544 del código penal, que de hecho toleraba esa violencia contra las mujeres, fue abolido solamente hasta 1981.

Todos los jueves
No al olvido:
las Madres de la Plaza de Mayo
1976-hoy

Todos los jueves por la tarde, desde hace treinta años, estas mujeres se dan cita en este lugar: en la Plaza de Mayo, en Buenos Aires, la capital de Argentina.

Todos los jueves por la tarde se ponen una pañoleta blanca en la cabeza, se toman del brazo y recorren el perímetro de la plaza.

Algunas se cuelgan retratos en el pecho: son fotografías en blanco y negro, fotos viejas, fotos de hace treinta años, las últimas que poseen de sus hijos perdidos. "Los desaparecidos", como los llaman aquí. Como ya les dicen en todo el mundo.

¿Es posible que un hombre o una mujer se esfumen de repente? ¿Y que nadie en el mundo sepa nada de ellos? En Argentina, entre 1976 y 1983, esto sucedía con frecuencia. Había una dictadura en la que no se toleraba a los opositores políticos, es decir, a aquellos que rechazaban la dictadura. En esos años, desaparecieron más de treinta mil personas.

—Desaparecieron en la nada —decía la gente resignada—. ¡Están desaparecidos!

Pero para las madres de los desaparecidos esta explicación no era suficiente.

Es difícil que una madre pierda algo. Puede perderse una hebilla del cabello que se derrite con el sol; puede perderse el autobús si se llega tarde. Cuando un hijo pierde algo, llama a la mamá, quejándose de que se le desapareció algo. Y una madre siempre lo encuentra. Es difícil que una madre pierda algo.

Una madre puede perder la paciencia con su hijo; pero a un hijo, nunca. Una madre no deja que su hijo se desaparezca; ella lo busca. En todas partes, siempre, sin temer a nada ni a nadie.

Y así, desde hace treinta años, cada jueves esas mujeres se encuentran en la Plaza de Mayo. El lugar no lo escogieron al azar, de hecho, da contra la Casa Rosada, un palacio rosado de cuatro pisos, sede del Gobierno argentino. Desde esas ventanas se asomaba Jorge Videla, el presidente de la República. El responsable de esas desapariciones. Era él quien ordenaba arrestar, torturar y asesinar a todo aquel que se opusiera a su poder. Era suficiente hacer parte de una asociación estudiantil, estar inscrito en un sindicato o pensar de manera distinta a aquel despiadado dictador para ser arrestado sin ninguna acusación y para ser condenado, sin el debido proceso, a la "desaparición".

Cuando las madres de estos muchachos pidieron explicaciones a la Policía o al Ministerio del Interior, obtuvieron una sola respuesta: no existen. No aparecen en ninguna de nuestras listas, en ningún registro, en ninguna parte. Están desaparecidos.

Pero a una mamá nada se le desaparece, mucho menos sus hijos. Se dieron cuenta de lo que estaba pasando. Entonces decidieron desafiar a los asesinos.

Un jueves se dieron cita justo enfrente del palacio. Usaron el pañuelo blanco que recordaba la tela con la cual habían envuelto a sus hijos recién nacidos. Y caminaron codo a codo. Las madres sabían que miembros del Gobierno podían verlas desde las ventanas de la Casa Rosada; sabían que ellas mismas estaban corriendo peligro. Pero siguieron caminando. Todos los jueves.

De hecho, al poco tiempo, algunas de ellas también desaparecieron. Hubo quien tuvo miedo y, no obstante, otra vez más, en ellas triunfó ese sentimiento entre valor y amor, entre la sed de justicia y de belleza. Siguieron caminando, también por las madres asesinadas por el dictador, además de hacerlo por los hijos de esas mujeres.

Hoy en Argentina ya no hay dictadura. Muchas de

esas madres tienen entre sesenta y noventa años, y todavía espe-
ran saber dónde están sus hijos. Por este motivo, todos los jueves,
las Madres de la Plaza de Mayo se reencuentran allí. Y caminan
juntas.

Marco, el caballo

No a los manicomios:
Franco Basaglia

13 de mayo de 1978

Cómo fue que me volví loco, no sé. Y nadie me lo ha explicado.

Recuerdo que de niño pasaba todo el tiempo escribiendo. Apenas encontraba cualquier pedacito de lápiz, de inmediato buscaba un papel y escribía, por todos lados, incluso en las márgenes blancas de las páginas de los periódicos. El problema es que no sabía escribir y nunca aprendí a hacerlo. ¡Cualquiera que supiera leer se habría dado cuenta! Y trataría de descifrar esos signos. Mientras tanto, yo escribía.

No recuerdo mucho de mi familia. Recuerdo una playa, en una mañana fría. Estábamos solo nosotros. ¿Dormimos ahí? No me acuerdo. Estábamos juntos, el uno al lado del otro, mis papás y yo, para darnos calor. Yo estaba feliz. Después recuerdo que había un caballo en la costa. Tenía el cuello largo dirigido al agua: bebía o quizá se mojaba el hocico para despertarse. Con un dedo, me puse a escribir en la arena. No recuerdo más.

En cambio, sí me acuerdo del manicomio, o mejor, de los manicomios, porque he estado en muchos de ellos. Estaba loco, así que alguien decidió que debían encerrarme en esas casonas feas, medio escondidas de la ciudad, tras gruesos muros junto con otros locos. Estábamos ahí todo el día, sin mucho qué hacer o decir. Separados del mundo. Creo que nos encerraban porque el mundo tenía miedo de nosotros. Las personas sanas temen a los locos. Piensan que son violentos, crueles, impredecibles. Quizá todos estemos un poco locos, pero decidieron que solo algunos de nosotros lo estábamos y, para sentirse más tranquilos, a nosotros, los locos, nos encierran manicomios.

Yo he estado en muchos manicomios. Hasta que llegué al de San Giovanni, en Trieste.

Por mucho tiempo me asignaron un trabajo. Era nocturno. El enfermero del turno de la noche mezclaba migas de pan con tabaco y se iba a dormir. Yo me gastaba media hora separándolas. Cuando terminaba, iba a despertarlo. Él timbraba su tarjeta, revolvía de nuevo las migas con el tabaco y volvía a dormirse. Y yo volvía a empezar desde el comienzo. Así, el enfermero, en vez de cuidarnos, podía dormir tranquilo. Cada media hora timbraba su tarjeta, como si estuviera trabajando. Y yo, al final de la noche en vela, obtenía uno que otro cigarrillo de premio.

Después llegó Franco Basaglia y todo llegó a su fin. Era el nuevo director de nuestro manicomio. Ese mundo cerrado, en el cual vivíamos, lo hacía sufrir tanto como a nosotros. Era una persona atenta, nos escuchaba, no nos daba solo medicamentos, no nos castigaba por nuestras rarezas. Ahora éramos libres de salir al jardín y de tener objetos personales. Nos respetaba y tenía un proyecto para nosotros, un sueño para volverlo realidad. Pero nosotros en ese momento no lo sabíamos.

Desde ese instante comenzaron mis recuerdos. Me acuerdo de que nosotros, los locos, teníamos una cita diaria con Marco. Así se llamaba el caballo que remolcaba la carreta con la ropa para lavar. Lo veíamos pasar, detrás de los vidrios de las ventanas. Me gustaba mirarlo, me recordaba mi mañana de felicidad en la playa. Es increíble que una cita tan pequeña pueda dar sentido a una jornada sin sentido. Un petirrojo amable se posa en una rama, un gato furtivo que recorre en equilibrio la cornisa de la ventana. Esperábamos con ansias a Marco y él nunca faltaba a la cita. ¡Y era puntual!

Un día, Marco no vino. Y tampoco al día siguiente. Los enfermeros nos explicaron que el caballo estaba viejo y cansado. Probablemente terminaría en el matadero. Este hecho nos arrojó a una profunda angustia. Decidimos escribir una carta de protesta a la Alcaldía de Trieste. Me ofrecí a redactarla, pero muchos se rieron de mi propuesta. "No sabes escribir", me dijeron. Era cierto. Un enfermero nos ayudó a hacerlo. Decidimos hablar del caballo en primera persona. "Estoy cansado, tengo derecho a una pensión. Déjenme en el jardín del manicomio; los locos se encargarán de mí".

Este suceso despertó la curiosidad de muchas personas, más allá del muro de nuestra institución. Eso significaba que en el manicomio había seres humanos pensantes y, además, con sentimientos nobles. Un día vinieron a visitarnos unos artistas y nos propusieron hacer una estatua de Marco, el caballo. Sería una estatua particular, no el monumento ecuestre típico de las grandes ciudades italianas. Esta tendría ruedas. Tendríamos que decidir entre todos qué otras características debería tener. Una vez realizado, lo llevaríamos de paseo por las calles de la ciudad.

Nos pusimos manos a la obra de inmediato. O mejor, se pusieron manos a la obra ellos. Yo me hice a un lado, para observar lo que hacían: no entendía para qué serviría ese caballo. Pasaron los días hasta que la estatua quedó lista. Era un caballo de papel maché de cuatro metros de altura y estaba pintado de azul. Cuando estuvo terminado, ocupaba casi todo el recinto en el cual se desarrollaban los laboratorios artísticos. En la panza del caballo había una puertica: podíamos abrirla y meter papelitos en los que escribíamos nuestros deseos. También yo escribí el mío, y estaba seguro de que todos expresamos el mismo sueño, así fuera cada uno en su propio idioma: ser libres. Finalmente entendí el sentido que tenía esa estatua. Era un signo para descifrar su significado, tal como sucedía con los trazos en mis cuadernos. Y ahora logro descifrarlo. Ese caballo nos llevaría de paseo por la ciudad, para contar nuestro deseo de libertad.

Me remangué el suéter para ayudar a los demás a empujar el caballo fuera del recinto. Pero la puerta era muy baja y el caballo no cabía. Esto nos hundió en una oscura desesperación. Si no estuviéramos ya todos locos, ahí mismo nos habríamos vuelto locos. Si esa estatua estaba destinada a ser un signo para que los demás descifraran, ahora solo había un modo de leerla: también él, como nosotros, estaba atrapado. Cuando la desesperación estaba por alcanzar su pico más alto, lo vimos llegar: Franco Basaglia tenía entre sus manos un pesado martillo. Todos juntos tumbamos el dintel de la puerta. Tuvimos que inclinar un poco el caballo, pero al final logramos liberarlo.

Ahora se trataba de atravesar todos juntos la ciudad. Pero ¿cómo reaccionarían las personas allá fuera? ¿Se quedarían

atrincherados en sus casas? ¿O nos mandarían de vuelta a toda velocidad al manicomio?

Nos hicimos en un grupo compacto, tomamos aire profundamente y nos lanzamos por las calles de Trieste. Éramos cuatrocientas personas que acompañábamos al caballo por las vías de la ciudad. Fue una gran fiesta y toda la ciudad celebró con nosotros. Era hermoso ser libres. Sentíamos que pronto lo seríamos de verdad.

Franco Basaglia dio esta batalla para demostrarle al mundo que no era justo tenernos encerrados en un manicomio. Necesitábamos atención, debían tratarnos no solo como enfermos, sino también como personas.

El 13 de mayo de 1978, una ley decretó la abolición de los manicomios en Italia. Todavía hoy se conmemora esa ley como la "ley Basaglia".

Cuando las puertas se abrieron, me reencontré con ese mundo más o menos igual del que había salido. No había nadie para ayudarme. Y no tenía nada, ni un centavo, ni trabajo. Pensé que en cualquier fábrica me pondrían a separar migajas del tabaco, quizá eso…

¡Ahora era libre! Aunque dentro de mí alimentaba una enorme melancolía. Quizá tenía miedo del mundo que se abría ante mí, tan grande y desconocido. O quizá dentro de mí alimentaba la duda de si todavía estaba loco. Además, cómo es que uno se vuelve loco, eso no lo sé. Y nadie, hasta el momento, ha podido explicármelo.

Zindzi
No al *apartheid*: Nelson Mandela
10 de febrero de 1985

Esa noche soñó que las puertas de su celda se abrían. Le bastaba moverse unos pasos para cruzar el umbral y ser libre. Pero en ese sueño, antes de alejarse cometía un error: se volteaba a mirar atrás. Todas las personas que conoció durante su vida de repente se amontonaban en ese espacio así de angosto. En la celda estaba ahora toda Sudáfrica. Y estaba también Zindzi. En los ojos de la jovencita se dibujaba un sufrimiento infinito. Entonces volvió a la celda para abrazarla. La puerta se cerró a sus espaldas. En ese instante, Nelson Mandela se despertó.

Miró alrededor, todavía confundido por el sueño. Los mismos pobres objetos estaban dispuestos de la manera habitual en esos pocos metros cuadrados. Una mesita baja, un taburete, una ventana con rejas que daba al patio interno de la cárcel de Pollsmoor, en un barrio de Cape Town. En lo que se refiere a Mandela, siempre fue el recluso 220/82, condenado a cadena perpetua, y actualmente cumplía su año número 22 de prisión. Extraña esa

145

condena, la cadena perpetua. Cuanto más tiempo pasaba, más parecía alejarse el final de la condena. El único compañero verdadero de celda, el único con el cual te encuentras siempre cara a cara, es el tiempo. No hay nada que produzca más terror. Frente al tiempo, al hombre solo le quedan dos alternativas: la desesperación o la terquedad. En el primer caso, simplemente espera a la muerte. En el segundo caso, aprende a vivir. Así sea solo para fastidiar a los carceleros.

Espió hacia fuera de la ventana y le llegaron a la mente algunos versos que Oscar Wilde escribió mientras estuvo en la cárcel, así como él. Decían:

> *Nunca vi a un hombre que mirara*
> *con ojos tan ávidos*
> *esa exigua franja de azul*
> *que los prisioneros llaman cielo.*

La puerta se abrió y entró James Gregory, el guardia de la cárcel que lo vigilaba desde hacía años. Le entregó a Mandela una carta, todavía cerrada en el sobre, y se quedó para mirar.

—¿Y por qué no has abierto la carta? Siempre abres mi correspondencia, la lees y la vetas —dijo Mandela.

—Esta no tuve necesidad de leerla —respondió el guardia—. Todo el mundo habla de ella.

En el anverso del sobre estaba escrito el remitente. Era el presidente de Sudáfrica, Pieter Willem Botha.

—¡El presidente ayer hizo este anuncio en televisión! —le informó James.

—¿Podrías irte? Quisiera leerla solo…

—No —respondió el guardia—. Quiero ver yo mismo tu reacción cuando leas que te están ofreciendo la libertad.

El corazón le dio un bote, pero Mandela no dejó entrever ninguna emoción. Se sentó en el pequeño escritorio y leyó. James tenía razón: Botha le ofrecía la libertad, pero con algunas condiciones. Desde hacía demasiado tiempo, una minoría blanca gobernaba Sudáfrica, un país inmenso poblado casi exclusivamente por hombres y mujeres negros que ni siquiera tenían derecho al voto. Incluso les impedían tener una vida digna y estaban obligados a vivir, estudiar y trabajar en zonas separadas de las de los blancos. Mandela se puso a la cabeza de la lucha, a veces violenta, contra este régimen que llamaban *apartheid*, lo que significa 'separación'. Por este motivo, en 1962 fue condenado a cadena perpetua. Sin embargo, con el tiempo, Mandela acogió la filosofía de la no violencia de Gandhi y, aunque permanecía en la cárcel, siempre fue considerado la autoridad indiscutible de la lucha contra el *apartheid*. En todos estos años, la situación de los ciudadanos negros no había mejorado. Y ahora el presidente le ofrecía la libertad, pero con la condición de que se retirara de la lucha política, que dejara de pelear por los sudafricanos y escogiera el silencio.

La puerta de la celda estaba abierta. Para ser libre, solo le bastaría no voltearse a mirar. Tomó papel y bolígrafo y redactó su respuesta. El guardia se quedó mirándolo. Incluso en el humilde uniforme de recluso, ese hombre sabía ser elegante y orgulloso. Cuando Mandela se levantó para entregarle la carta, James Gregory, casi por instinto, obedeció de inmediato. En ese instante,

Gregory entendió. Nelson Mandela era el futuro, mientras que él, un carcelero blanco, un partidario de Botha, representaba el pasado ya lleno de cansancio.

—Esta vez quiero que la leas —sonrió Mandela— y después quiero que se la entregues al destinatario.

—¿Es la respuesta para el presidente?

—Es la respuesta para Sudáfrica —replicó Mandela—. Entrégasela a Zindzi.

Se volteó y volvió a mirar la exigua franja de azul que los prisioneros llaman cielo.

El domingo siguiente una enorme multitud llenó el estadio Jabulani de Soweto. Estaban allí para celebrar con Desmond Tutu, un obispo que luchaba por la abolición del *apartheid* y que acababa de recibir el Premio Nobel de la Paz. Pero la multitud se concentró en el estadio sobre todo para escuchar a Zindzi, la hija más joven de Mandela. Con gran emoción, la joven tomó el micrófono y leyó la carta que le entregaron. Mandela había decidido dirigirse directamente al pueblo por boca de su hija. Zindzi tenía veinticinco años y la misma mirada orgullosa del padre. Explicó que allí, en ese momento, debería estar él, pero que su padre todavía estaba en la cárcel. Le ofrecieron la libertad, pero a condición de que renunciara a la lucha y que le pidiera a su pueblo que depusiera las armas.

—Mi padre quiere que ustedes sepan que en estos años ha extendido innumerables solicitudes al régimen para que abandone la violencia —dijo la joven, y luego leyó—: "Jamás hemos recibido respuesta. Hemos recibido más violencia. Ahora está en manos de Botha renunciar a la violencia, está en sus manos anunciar la abolición de las vergonzosas leyes del *apartheid*. Está en sus manos garantizarle al pueblo entero una actividad política libre, con el fin de que sean ustedes mismos quienes designen a los dirigentes que deben guiar al país".

Una ovación acogió esas palabras. Pero inmediatamente después hubo un profundo silencio en el estadio. Había llegado el momento de conocer la respuesta de Nelson Mandela. Zindzi leyó las palabras de su padre:

—"Le respondo al señor Botha que no puedo y no quiero comprometerme sino cuando ustedes, todo el pueblo, y yo seamos libres. ¡La libertad de ustedes es la mía, no pueden estar separadas! Pero les prometo algo: ¡estaré de vuelta con ustedes, porque pronto seremos libres!".

El pueblo soltó un rugido festivo ante aquellas palabras. Mandela no se dejó engatusar y no los abandonó. Y nunca lo haría.

Cinco años después, un nuevo presidente le ofreció la libertad a Mandela, esta vez sin ninguna condición. El *apartheid* había terminado. Finalmente todos los sudafricanos tuvieron derecho al voto.

En 1993 Mandela recibió el Nobel de la Paz y poco después fue elegido presidente de Sudáfrica con el 62 % de los votos. Fue elegido como jefe de la República de Sudáfrica. Entre sus electores, había muchos blancos. Entre ellos, estaba su excarcelero, James Gregory, quizá el primero que se dio cuenta de que sería el futuro presidente.

El primer anillo
NO A LA DESTRUCCIÓN DE LA BIODIVERSIDAD: VANDANA SHIVA
1987

Muy probablemente fueron las mujeres quienes se inventaron la agricultura. Quizá los hombres, mientras tanto, estaban ocupados inventándose la caza o pastoreando el ganado. Sin embargo no quiere decir que las mujeres no fueran de cacería con ellos, ¡mucho menos que estuvieran sentadas esperándolos en la casa! Es más verosímil que ellas estuvieran dotadas de un espíritu de observación más agudo. Gracias a esta cualidad, pudieron estudiar los fenómenos naturales de las semillas y de la germinación y, con el tiempo y la templanza, lograron manejarlas. En suma, las mujeres se convirtieron en las guardianas de las semillas, la fuente de la vida, el primer anillo de nuestra cadena alimentaria.

Cuando Vandana Shiva volvió a India, su país natal, se dio cuenta de que ese anillo estaba a punto de romperse. Esa cadena estaba por interrumpirse. Había estudiado durante algunos años en Europa y en Norteamérica, y no veía la hora de volver a caminar por aquellos lugares de belleza incontaminada. Pero apenas pisó India, se dio cuenta de inmediato del cambio. El valle donde nació ahora lo atravesaban largas carreteras de cemento.

Una represa enorme nacía justo en esa ladera de la montaña. En pocos años aparecieron centenares de represas en todo el país, que servían para producir energía hidroeléctrica. Para hacer estas represas, interrumpieron o desviaron el curso de los ríos sin que nadie hubiera pedido la opinión de los habitantes de los pueblos de esas zonas. Esas poblaciones vivían y trabajaban ahí desde tiempos inmemoriales. De repente, se vieron obligados a irse, y abandonaron sus casas y todas sus pertenencias, así fueran miserables.

Vandana se preguntó cómo fue posible todo eso y quién era el responsable de esa catástrofe.

Decidió investigarlo. Se puso un sari muy colorido, una larga banda de tela de algodón que le envolvía el cuerpo, y se pintó en el centro de la frente un gran bindi, que es un círculo rojo con el que las mujeres en India decoran su rostro. Se recogió el cabello en un moño y emprendió su camino a lo largo de su enorme país. Vería personas, investigaría y trataría de entender lo sucedido. Al comienzo, el viaje fue desalentador. Atravesó paisajes destruidos y encontró pueblos que vivían en condiciones de pobreza extrema.

Un día, mientras atravesaba una gran llanura, vio a una mujer que llevaba en la cabeza un cubo lleno de agua. No había pueblos en las cercanías, así que Vandana se le acercó para preguntarle hacia dónde se dirigía. Sin detenerse ni poner el cubo en el suelo, la mujer le respondió que estaba llevando agua a su casa y que todavía le quedaban varios kilómetros para llegar. También en esa zona desviaron los ríos, de manera que todos los días ella debía caminar más de diez kilómetros para conseguir agua. Vandana se ofreció a acompañarla. Y le contó sobre el asombro que sentía y la incapacidad para entender lo que estaba sucediendo en India. La mujer la escuchó en silencio y luego le preguntó:

—¿Qué ves allá abajo?

—Veo un bosque —respondió Vandana.

—Hay hombres que ven a través de lentes especiales —respondió la mujer, sin dejar de avanzar, con su peso en la cabeza.

Caminaba con orgullo y también con cierto misterio. Vandana siguió escuchándola con toda su atención. La mujer continuó:

—Como si usaran lentes mágicos. Donde tú ves un bosque, ellos ven una mina de leña para talar y vender. Donde tú ves un río, ellos ven una reserva de agua para explotar. Donde tú vez una planta, una simple hierba medicinal, de esas que todos cultivamos en el jardín, ellos ven un producto para poner en el comercio farmacéutico.

Vandana entendió. Mientras ella estuvo en su viaje de estudios, las multinacionales, grandes empresas que trabajaban en muchos países, se posesionaron de vastas zonas de India y, dondequiera que estuvieran, explotaron al máximo los recursos naturales. Para obtener enormes ganancias, incluso llegaron a destruir pueblos enteros, regiones y ecosistemas. Las multinacionales eran ricas y poderosas. ¿Qué habría podido hacer la gente para oponerse a esas injusticias?

Estaba a punto de perder toda esperanza, cuando finalmente hizo un gran descubrimiento. A lo largo de la vía, en su camino se encontró con algunos grupos pequeños de personas que se estaban organizando y empezaban a protestar. Las mujeres eran quienes los guiaban. Ellas encabezaban las marchas, las huelgas, y eran ellas quienes sostenían todas las iniciativas para proteger la tierra.

Se encontró con las "mujeres Chipko", una palabra india que significa 'abrazo'. Para impedir la deforestación que causaba inundaciones, derrumbes y sequía, esas mujeres abrazaban los árboles que estaban por talar. Los protegían con sus cuerpos. Y ya varias veces el Gobierno se había visto obligado a impedir la deforestación.

Conoció a las mujeres de Plachimada. En ese pequeño barrio de Kerala había una fábrica de una multinacional que todos los días utilizaba un millón y medio de litros de agua, pero les impedía a las familias locales que la utilizaran. Esas mujeres, con sus protestas, lograron que la fábrica cerrara.

Vandana había empezado su viaje sola. Cuando volvió a casa, con ella marchaban cincuenta mil manifestantes, listos a dar la batalla más importante: la de la defensa de las semillas, la fuente de la vida, el primer anillo.

De hecho, las multinacionales estaban vendiendo un nuevo tipo de semillas. Hasta ahora, nadie nunca había comprado semillas: desde hacía siglos, quizá milenios, las mujeres indias las custodiaban celosamente y conseguían otras nuevas para entregárselas a las generaciones sucesivas. Las llamaban "semillas nativas".

Ahora las multinacionales afirmaban que sus semillas eran mejores. Las producían en laboratorio. Estaban modificadas genéticamente. A diferencia de las semillas nativas, estas semillas no eran dañadas por los pesticidas que se usaban para cultivar las plantas.

No obstante, las multinacionales ponían mucha atención en no revelar que también ellos producían los pesticidas. Y que las semillas que trataban de vender eran estériles, es decir, no producían otras semillas. En cada ciclo de siembra, los campesinos tendrían que comprar semillas nuevas.

Vandana entendió que era necesario ganar esa batalla.

—Tener el control de las semillas significa tener el control de nuestras vidas, nuestro alimento y nuestra libertad —declaró—. ¡Los campesinos que las cultivan son quienes deben cuidar las semillas!

Junto a las mujeres y hombres que encontró en su viaje, Vandana Shiva fundó un instituto para conservar ese bien precioso. Eso fue en 1987. Desde entonces, es ella la portavoz de esa parte de la humanidad que todavía puede ver un bosque, un río o una planta en su esencia: como la fuente de la vida.

El guardián de la tierra
No la deforestación: Chico Mendes
22 de diciembre de 1988

Hay una antigua leyenda en la cual los protagonistas son los árboles. Hace tiempos, el cielo y la tierra estaban unidos, hasta que un árbol se levantó y los separó. Pero al árbol le pesaba demasiado esta pena, así que nacieron otros árboles, para compartir este peso con él. Según esta leyenda, los árboles son los que sostienen el equilibrio entre el cielo y la tierra. Por lo tanto, quien tala un árbol es imprudente, porque pone en riesgo ese equilibrio.

Hay una leyenda más reciente. También esta tiene por protagonistas a los árboles. Y quizá son los mismos de la anterior leyenda, pero en esta los árboles hablan. Lo hacen solo en algunas horas del día y solo en un punto del mundo: en el Amazonas.

De noche están en silencio porque son árboles del caucho, los *seringueiras*, como los llaman en Brasil. De noche, los hombres se dirigen a la selva, hacen incisiones en sus cortezas y de ellos extraen una leche que lentamente se deposita en pequeños vasos. Con esa leche se fabrica la goma. Estos hombres viven en la selva desde hace tiempo y ese es su oficio. Por ese motivo los llaman *seringueiros*.

De noche, la selva está llena de *seringueiros*, entonces los árboles se quedan callados y los dejan trabajar. En cambio de día no hay nadie, hace demasiado calor, y si hicieran incisiones en la corteza, con ese calor no saldría ni una gota. De día los árboles hablan. Y cuentan la historia de Chico Mendes.

"En su tumba no hay flores. 'No las quiero', dijo. 'Las arrancarían de la selva'. Chico nació aquí, era hijo de un *seringueiro* y él mismo se había vuelto *seringueiro*. Aprendió a leer y a escribir por casualidad, con un hombre que se refugió en la selva. Lo perseguían los prepotentes y nosotros lo protegíamos. Chico se dio cuenta de que la selva se volvía cada día más pequeña. Al comienzo, hicieron una herida de cinco mil kilómetros de larga. Era la Transamazónica, una autopista que pasaba derecho entre la selva. Luego comenzaron a talar árboles, cada vez más. Los ganaderos necesitaban cada vez más terrero para pastoreo. Los latifundistas necesitaban terreno. Chico se dio cuenta de que cuanto más talaban árboles, menos llovía. Y cuanto menos llovía, la selva se enfermaba. Chico le contó a su gente lo que estaba sucediendo. Se convirtió en el jefe de la lucha contra la deforestación. Los estadounidenses les daban mucho dinero a las empresas que desforestaban la Amazonía para sembrar soya. Chico viajó a Estados Unidos y les explicó lo que estaba sucediendo. Fue convincente. Tanto que muchos estadounidenses dejaron de invertir en ese negocio. Chico denunció ante el mundo lo que estaban haciendo los latifundistas. Fue tan convincente que lo arrestaron y lo torturaron. Pero Chico no tuvo miedo ni dejó de luchar por la supervivencia de los pueblos en la selva. De hecho, junto a los árboles, también exterminaban a los habitantes del Amazonas.

Chico se dio cuenta de que pronto, a ese ritmo, el cielo se derrumbaría sobre la tierra. Quería que la selva fuera un lugar sin dueños, en el cual los árboles y los hombres vivieran juntos. Y fueran guardianes mutuos.

"Lo asesinaron los hacendados. Hacía poco había cumplido cuarenta y cuatro años. En su tumba no hay flores. 'No las quiero', dijo. 'Las arrancarían de la selva'. Chico nació aquí, hijo de *seringueiro* y él mismo se había vuelto *seringueiro*".

Hay una última leyenda según la cual los árboles hablaron y se hicieron sentir. Lo habían visto todo, quién ordenó el homicidio y quién disparó. Ese día, el 22 de diciembre de 1988, los árboles gritaron y lloraron. Todos en la selva los escucharon.

—¡Fue Darly Alves da Silva quien ordenó el homicidio! ¡Fue Darci Alves Pereira quien disparó! —dijeron.

Los dos latifundistas, padre e hijo, fueron arrestados y condenados. Pero la tierra había perdido a uno de sus preciosos guardianes.

Mi país
NO AL MIEDO: AUNG SAN SUU KYI
1988-hoy

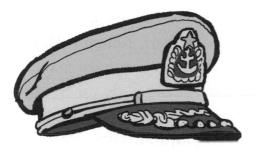

Tengo que concentrarme. Si identifico el problema, quizá podré encontrar una solución. Analicemos bien la cuestión. A ver…

Birmania es mi nación. En Birmania está Yangón, mi ciudad. En Yangón está mi casa. Es mi casa, mía. Y yo soy Aung San Suu Kyi.

Si quiero, puedo vivir en Birmania, en Yangón, en mi casa. O puedo tomar un vuelo y volver a Gran Bretaña, donde están mi marido y mis hijos. Aquí empiezan las dificultades, pero no debo dejarme distraer.

En torno a mi casa, en Yangón, en Birmania, construyeron un muro con torres, vigilado por perros famélicos, guardias armadas y alambre de púas. No puedo salir de aquí. Me han cortado incluso los cables del teléfono. No puedo salir ni comunicarme con el exterior.

Pero ¡atención! Si quiero, puedo tomar un vuelo y volver a Gran Bretaña hoy mismo. Nadie me detiene; es más, me acompañarían hasta el primer vuelo disponible, con tal de que deje de molestar.

No obstante, si me voy, no podré volver nunca. ¿Y entonces? ¿Qué estoy esperando para hacer las maletas y volver a casa?

Solo espero a que Birmania deje de tener miedo.

Birmania es mi país. Aquí nací hace años. Mi padre, Aung San, era un héroe para los birmanos, ya que él logró la independencia de Gran Bretaña en 1947. Pero después de este hecho unos opositores políticos lo asesinaron. Yo tenía dos años de edad.

Entonces, estábamos en que Birmania es mi nación. En Birmania está Yangón o, como le dicen algunos, Rangún. Desde aquí, mi madre y yo nos fuimos a un largo viaje, hace muchos años. Estudié en el exterior, viajé y me enamoré de un hombre maravilloso. Se llama Michael Aris y es un estudioso de la cultura tibetana. Nos casamos y tuvimos dos hijos. Él dicta clases en Oxford y es allí donde vivíamos. Y éramos felices.

En 1988 mi madre se enfermó. Así que volví a Birmania. A Yangón. A mi casa. Sabía que mi país estaba gobernado por una dictadura militar. En tantos años de ausencia, no he dejado de estar informada, pero no me imaginaba que las cosas hubieran llegado a ese punto. El general Saw Maung estaba asesinando y deportando a miles de jóvenes estudiantes y monjes que, justo en esos días, se oponían a su Gobierno. Me arrodillé ante el lecho de mi madre. Estaba a punto de morir y hacía tanto tiempo que no nos veíamos… Sería hermoso poder disfrutar ese último momento juntas, sin preocupación. Cuando se difundió la noticia de mi llegada, la esperanza se encendió en el corazón de mis compatriotas.

—¡Volvió Aung San Suu Kyi, la hija del general Aung San!

Soy la hija de un héroe, de un mártir, de un símbolo. Este es mi pueblo, yo pertenezco a ellos. El general ha convocado a elecciones libres. Estaba convencido de que las ganaría. Yo me presenté como jefa de la Liga Nacional por la Democracia. Y fue una victoria. Estaba a punto de ser primera ministra. Estaba lista a restablecer la democracia, la libertad, la justicia.

Y es aquí cuando la historia se complica. El general anuló el resultado de las elecciones y me puso bajo arresto domiciliario. Alrededor de mi casa construyeron una pequeña ciudad fortificada y me encerró adentro. Sin embargo me dejó una opción: puedo volver a Gran Bretaña. Si me quedo aquí, tendré que vivir encerrada en la casa, lejos de mis hijos, de mi marido, sin siquiera poder escucharlos por el teléfono.

Mi madre murió durante la campaña electoral. Ella fue embajadora de mi país. Era una mujer inteligente y culta. Juntas vivimos en India. ¡Cuántas veces hablamos de la filosofía de Gandhi! Pero solo ahora, encerrada en esta casa, me parece comprender profundamente el significado de esa filosofía. ¡Qué hombre tan sabio! ¡Y qué hombre tan valiente! Se requiere mucho valor para soportar los ultrajes y las injusticias sin abandonarse a la violencia, sin abatirse, sin ceder a la desesperación. Uno debe ser de verdad valiente para eso. Mi país, en cambio, es el país del miedo. Los dictadores tienen miedo de perder el poder y lo conservan con la violencia. Y el pueblo, por miedo al castigo, acepta el abuso y la violencia. En un mundo sin reglas, el miedo se convierte en la regla. Miedo de morir, miedo de no tener qué comer, miedo de la pobreza. Pero poco a poco se deja de llamarlo por su nombre. Se le comienza a decir "sentido común" o, incluso, "sensatez". No obstante, yo creo que el miedo no es el estado natural de las personas. ¡En un país civilizado el

miedo debería estar prohibido! ¡Y quiero que mi país sea un país civilizado!

Por último, sospecho que esta terrible dictadura me tenga miedo, a mí, a una mujer menuda y desarmada. Tiene miedo del pueblo birmano. Por este motivo, nos tienen a todos encerrados. Pero el mundo empieza a saber qué está sucediendo aquí. ¡No podrá quedarse para siempre con los brazos cruzados!

Otra vez me estoy distrayendo. Me hablo todo el tiempo y no me concentro. Quizá porque ya lo he decidido. Birmania es mi país. Aquí me quedaré. Muchas personas tienen esperanzas en mí. Si saben que estoy viva, así esté aprisionada entre estos muros, seguirán teniendo esperanza. Y eso es lo que se necesita para tener valor.

Me pusieron en libertad el 13 de noviembre de 2010. Durante esos años de encarcelamiento casi ininterrumpido me otorgaron el Premio Nobel de la Paz, y mi marido, Michael Aris, que tanto luchó por mi libertad, murió. No pude reclamar el premio, no pude despedirme de él. Si me hubiera ido, no habría podido volver. Sembré la semilla de la esperanza. Resistí tanto como pude.

Solo en 2012 pude retirar el Premio Nobel. En 2015, la Liga Nacional para la Democracia ganó las elecciones, pero se me negó el acceso a la Presidencia. En efecto, el régimen militar había aprobado, algunos años antes, una reforma que impedía el acceso al cargo más alto del Estado a cualquier persona que se hubiera casado con un ciudadano extranjero. Una cláusula que parecía hecha únicamente para mí. No perdí mi ánimo. Fui nombrada ministra de varios dicasterios y después me convertí en consejera de Estado, algo así como un primer ministro.

En resumen, desde aquel momento, empecé a gobernar mi país. Sin embargo los militares no se fueron, es más, ocuparon un cuarto de los escaños parlamentarios. El miedo no abandonó Birmania y yo descubrí lo difícil que es gobernar, sobre todo bajo el control y la amenaza constante por parte de las fuerzas armadas. Incluso la comunidad internacional, que durante años me había apoyado, empezó a criticarme duramente. Hay quien dice que hice muy poco para traer de vuelta la democracia a mi país. Hay quien me acusa de ignorar, e incluso de defender, la persecución hacia los rohinyás (un grupo de religión musulmana, hombres, mujeres y niños en condiciones de pobreza extrema que viven en la frontera con Bangladés), una persecución realizada por los militares a partir de 2017 y considerada un genocidio por muchas organizaciones internacionales. En Occidente, personajes con autoridad pidieron que se me retirara el Nobel de la Paz.

Yo descubrí lo difícil que es gobernar. Descubrí que soy solo una mujer metida en la política, que ha sido tal vez poco hábil y no lo suficientemente valiente. No obstante, pensé que demasiadas personas en el mundo han olvidado que mi país es el país del miedo, que gobernar bajo la mirada del ejército no es sencillo en absoluto, que conservar el frágil proceso de democratización me hizo vulnerable a contradicciones trágicas.

El desprecio hacia mí creció rápidamente, un muro de silencio envolvió mi país, aislándolo aún más. El primero de febrero de 2021, las fuerzas armadas birmanas me arrestaron y tomaron el poder. Birmania cayó nuevamente bajo una dictadura. El 19 de junio cumpliré 76 años y, sin embargo, siento que he regresado en el tiempo, siento que todo volvió a empezar de nuevo. Intento concentrarme, busco una solución, pero no logro responder a esta pregunta: ¿fue todo en vano? ¿Volveré a ver a mi país libre? ¿Venceremos algún día el miedo?

Un silencio estruendoso

No al olvido del holocausto: Settimia Spizzichino

3 de julio de 2000

Mi escuela se llama Settimia Spizzichino. Ella vino hace algunos años, a contarnos su historia. Unos meses después, el 2 de julio de 2000, Settimia murió, así que alguien decidió llamar a nuestra escuela con su nombre: Escuela Secundaria Settimia Spizzichino. A todos nos pareció un bonito nombre, tanto que ya nadie se acuerda de cómo se llamaba antes. Quitaron el letrero anterior y pusieron uno nuevo: azul eléctrico, con letras amarillas, como la ferretería que queda al frente.

Hoy es el Día de la Memoria, así que los profesores nos pusieron la tarea de hacer una redacción con este título: "Un recuerdo de Settimia Spizzichino". Nos explicaron que debemos decir qué nos impactó de ella cuando la conocimos. Algunos de mis compañeros protestaron porque ese día no estuvieron, por problemas de salud, dijeron. Huelga de transporte, dijo otro. ¡Pues eso no es un problema; si no estuviste, te inventas la situación! En este momento, el profesor de Italiano está pensando en un "rastro alternativo". Se acaricia la barba y mira hacia fuera de la ventana, pero para mí que está pensando en otra cosa. Él estaba ese día. Y yo también. Así que diré lo que me impactó de Settimia Spizzichino.

Lo primero fue su voz. Hablaba como si nos conociera desde siempre. Como si retomara una conversación que habíamos interrumpido el día anterior. Tenía un rostro bellísimo, surcado de arrugas, los ojos grandes tras los anteojos, que hacían que se le vieran todavía más grandes los ojos. Hablaba bajo, en italiano y en dialecto romano, y esto era muy simpático. Tenía una voz cálida, pero a mí también me parecía que estaba emocionada. En segundo lugar, de Settimia Spizzichino me impactó su historia. Nos contó que nació en 1943, en Roma, bajo un silencio estruendoso. Lo dijo de esa manera. Debió ser un silencio malvado, y me dio miedo pensar en eso. Apenas estaba amaneciendo cuando ese silencio se rompió con los pasos de los soldados nazis. El 16 de octubre de 1943 las tropas alemanas entraron en el gueto de Roma, el barrio donde vivían muchas familias judías. Cargaron en sus camiones a más de mil personas. La mayoría eran mujeres, pero también había hombres, ancianos, niños y niñas. Los deportaron a Auschwitz. Se fueron 1023 personas y regresaron 16: quince hombres y una sola mujer: Settimia.

En la casa, esa mañana, ella estaba con sus hermanas y su madre. A través de las persianas entrecerradas vieron entrar y salir varias veces del edificio a soldados alemanes. Se llevaban a las familias judías. Tuvieron la idea de dejar todas las puertas abiertas y de esconderse en la última habitación en el fondo de la casa. Los soldados, al ver la casa desierta, pensarían que no había nadie y que todos se habrían ido. Pero una de las hermanas tuvo miedo y se escapó, escaleras abajo. En ese momento, un soldado nazi estaba entrando en el edificio. Al encontrárselo de frente, la niña volvió a subir las escaleras a toda velocidad. El soldado la siguió, la vio y la arrestó.

Settimia nos contó la terrible vida en los campos de concentración, los trabajos agotadores y humillantes. Por mucho tiempo la obligaron a cargar piedras pesadas. Luego la usaron como ratón de laboratorio para los experimentos de Mengele, un criminal nazi que usaba a los deportados como animales de laboratorio. De su relato me impactó mucho una anécdota. Una vez, mientras esperaba en un recinto junto a otras prisioneras, por casualidad se vio a un espejo. ¡Desde hacía cuánto que no se veía al espejo! Vio reflejada a una mujer y se dijo: "¡Pobrecita, esa mujer ya se está muriendo!".

Mientras lo decía, se llevó las manos al rostro. También la figura del espejo hizo el mismo gesto. Esa mujer era ella misma.

En el invierno de 1945 la transfirieron a Bergen-Belsen. Justo en el momento en el que ingresaba al campo, un soldado que estaba en una de las torres de vigilancia empezó a dispararles a los prisioneros, sin ningún motivo. Settimia se arrojó al suelo y allí se refugió, entre los cadáveres, durante varios días. Decía que no tenía miedo de estar entre los muertos, sino que era de los vivos de quienes uno debía preocuparse. Finalmente llegaron las tropas inglesas y la liberaron. La guerra había terminado y ella estaba viva, aunque perdió a toda su familia, a la madre y las hermanas. Decidió que, al volver a casa, pasaría la vida contando lo que vivió, cómo murieron sus compañeras. Sin embargo no lo hizo de inmediato. Esperó. Antes de contarles a los familiares de las víctimas qué les sucedió a sus parientes, decidió respetar el dolor que esto les causaba. Me pareció una decisión correcta y hermosa. Luego contó su historia en muchas escuelas. Acompañó a varios grupos de estudiantes a Auschwitz. Y después vino a mi escuela.

Cuando se fue, durante el resto del día tuve un silencio estruendoso en mi cabeza. Recuerdo que me habría gustado permanecer con mis compañeros todo el día. No quería dejarlos y creo que también ellos querían lo mismo. Pero esta mañana, alguien dijo que el Día de la Memoria no servía para nada. Otros decían que servía para no olvidar. Yo creo que, como todas las cosas, sirve según el uso que se le dé. A mí me gusta cuando alguien me cuenta su vida y me enseña qué sucedió en nuestro país. Y también qué pasó en el holocausto, es decir *shoah*, en hebreo. Así lo nombró Settimia y no tuvo necesidad de explicar el significado, pues bastaba mirarla a los ojos para ver en ellos pasar toda la destrucción y el dolor de un pueblo.

Y así, cuando leo su nombre a la entrada de la escuela, me siento orgullosa de que, entre todas las escuelas, justo la mía tenga su nombre. No es que lea todos los días su nombre en el letrero, ya sé qué dice. Cuando lees un aviso por primera vez, no es nada divertido releerlo. Pero yo ese nombre lo recuerdo. Si se pudiera querer a una persona que solo has visto una vez en la vida, podría decir que la quiero a ella. Me gustaría poder decírselo. Sobre todo, me gustaría decirle que no me he olvidado de las historias que nos contó. Y no la he olvidado a ella. A Settimia Spizzichino no se la olvida nunca.

Cuando sonó la campana, el profesor no recogió las redacciones. Nos dijo que las lleváramos a la casa y que hiciéramos con ellas lo que quisiéramos: conservarlas, releerlas, leérselas a nuestros hermanos pequeños o a cualquiera que no haya conocido a Settimia Spizzichino. Y yo sé por qué nos dijo eso.

Qué más que el amor
NO A LA MAFIA:
FELICIA BARTOLOTTA
11 de abril de 2002

Bastaba mirarla a los ojos. Eran límpidos, profundos, iluminados. Y solo con los ojos, Felicia Bartolotta sabía contar su historia. La de su hijo: Peppino Impastato.

La llevaba escrita en esa red de infinitas arrugas, pintada en el rostro anguloso pero, al mismo tiempo, frágil. No obstante, durante años nadie quiso escucharla. Era una historia terrible, pero tuvo un final feliz. O por lo menos un final justo. Sin embargo, para llegar a ese final, tuvo que luchar toda la vida.

Mientras tanto, su cabello se volvió blanco. Lo llevaba corto y esto la hacía más parecida a Peppino. Ahora, después de tantos años, los jóvenes hacían fila frente a su casa para estrecharle la mano y escucharla. Además había quien se embarcaba en largos viajes para llegar a Sicilia y visitarla en Cinisi, ese pueblito que queda cerca de Palermo. Ella los invitaba a seguir y les mostraba la habitación de Peppino. Quedó congelada en el tiempo, justo como él la dejó. La cama estaba tendida con la misma cobija, los libros en los estantes, los cuadernos en el escritorio, como si él fuera a volver de un momento a otro. Luego Felicia les señalaba a los huéspedes un divancito, se sentaba frente a ellos y empezaba a contar la historia.

—Mi hijo no soportaba la injusticia —decía.

Desde ese momento en adelante, era imposible dejar de mirarla. Cada palabra que decía se deslizaba directo al alma de quien la escuchaba, para permanecer ahí guardada para siempre.

—No era el único que protestaba contra la mafia, aquí en Cinisi —explicaba, moviendo el huesudo dedo índice hacia el interlocutor, con determinación—, pero mi hijo era el más inteligente y el más valiente.

Los hechos eran los siguientes: cuando tenía unos treinta años, Felicia se casó con Luigi Impastato, hijo de pequeños agricultores. Alguien le aconsejó no hacerlo, "Déjalo", le dijeron, "es de familia de mafiosos". Pero ella no sabía qué era esta cosa de la "mafia" y nunca quiso prestar oídos a las habladurías. Poco después de la Segunda Guerra Mundial nació Giuseppe, o Peppino, como lo llamaban todos. Bien pronto se deterioró la relación de Felicia con Luigi, su marido.

—Recién casada, empezó el infierno —contaba—. Peleaba por todo y no se podía saber nunca qué era lo que hacía ni dónde estaba.

Todo ese misterio le servía para esconder la verdad: Luigi y su familia estaban involucrados en negocios ilegales. De hecho, Luigi era amigo y socio de negocios de Tano Badalamenti, uno de los mafiosos sicilianos más feroces y poderosos. En 1963, el cuñado de Luigi, Cesare Manzella, fue asesinado por causa de una bomba que hicieron explotar en su automóvil. También él era mafioso y lo asesinó un enemigo de negocios.

—Cuando lo supe, pensé: "Entonces, ¡sí eran delincuentes!" —exclamaba Felicia y sus ojos se llenaban de la misma sorpresa que sintió aquel día.

También Peppino lo pensó. Tenía solo quince años, pero ese día se preguntó qué era la mafia, y empezó a preguntarlo por ahí; por respuesta obtuvo una particular forma de silencio. La gente rehusaba contar lo que sabía. Algunos por miedo, otros por conveniencia; de cualquier manera, todos terminaban por cubrir las fechorías de los criminales. Ese silencio los protegía de represalias y, al mismo tiempo, los convertía en cómplices. Este silencio se llamaba omertá, es decir, un código de honor siciliano de callar todo lo que se sepa sobre negocios y hechos ilícitos.

En todo caso, logró hacerse una idea de lo que era la mafia: una organización compuesta por personas violentas, vinculadas entre ellas por relaciones familiares y de negocios. Estos hombres estaban dispuestos a matar, a robar y a transgredir toda ley con tal de acumular riquezas. Estaban arruinando su tierra, limitando la libertad de sus habitantes, instaurando un clima de terror y de injusticia. Entre estos criminales estaba su padre. Peppino decidió enfrentarlo, así que estallaron violentas peleas entre ellos.

—Mi vida se volvió una lucha continua —contaba Felicia—. Una noche me recosté en su cama y le dije: "Giuseppe, hijo mío, tengo miedo".

Pero Giuseppe no era el tipo de personas que se atemorizan. Empezó a escribir artículos para la prensa y a hacer discursos en la plaza.

—El padre lo echó de la casa y nunca nadie más le dirigió la palabra —seguía Felicia—. La gente tenía miedo de que la vieran con el periódico en la mano o haciendo corrillo en discursos de Peppino. En cambio, él quería hablar con todos, ¡quería luchar contra la injusticia!

Y lo logró. Peppino encontró el instrumento perfecto para entrar en la casa de sus conciudadanos, sin que ellos tuvieran que exponerse. En 1977, junto a sus amigos, fundó Radio Aut. Desde los micrófonos de esa emisión radiofónica, él denunció los crímenes de los cuales se iba enterando, en particular, el comercio de droga por parte de los mafiosos. Pero Peppino no era solo un muchacho valeroso; como sabía que era gracioso y despreocupado, durante las transmisiones se divertía burlándose de esos hombres tan burdos y vulgares, sobre todo de Tano Badalamenti, el feroz amigo de su padre. Peppino se divertía llamándolo "Gran Jefe Tano Sentado", ironizando con el nombre del famoso jefe indio Toro Sentado. En el pueblo, nadie hablaba de Radio Aut, pareciera que no supieran de su existencia. Pero en la intimidad de sus casas, todos la escuchaban en secreto, incluso los mafiosos. Incluso Tano Badalamenti.

—¡Yo traté de defender a Peppino de su padre, que lo amenazaba! Y traté incluso de protegerlo de sí mismo, de esa sed de justicia. Pero no había nada qué hacer.

Una noche, a Luigi lo atropelló un automóvil y murió. Si hasta ese momento había sido duro con el hijo, quizá lo hacía para protegerlo de los demás mafiosos que querían silenciarlo para siempre. Muerto el padre, ahora Peppino no tenía quién lo defendiera.

La mañana del 9 de mayo de 1978, la Policía encontró los restos del cuerpo de Peppino cerca de las plataformas de la estación

del tren. Alguien dijo que Peppino estaba organizando un acto
terrorista, que quería poner una bomba y que esta se le explotó
en las manos. Otro dijo que Peppino era un muchacho triste que
escogió un modo "espectacular" para suicidarse.

Felicia conocía la verdad. Peppino no era ni un terrorista ni
mucho menos un hombre triste. Peppino tenía treinta años y era
un hombre valiente.

—¿Qué podía hacer? Era mi hijo, siempre le he dado amor,
¿qué otra cosa sino amor podía darle, ahora que estaba muerto?

Decidió seguir dándole amor. Actuó como el hijo le había
enseñado. No se encerró en el silencio, no huyó. Con gran valor,
denunció lo sucedido ante los jueces y pidió justicia.

—Hicimos un funeral falso. El ataúd estaba vacío. Ni siquiera me dieron un pedacito de mi hijo —contaba, con los ojos
abiertos de par en par, colmados de un inmenso dolor.

Solo veintidós años después, Tano Badalamenti fue arrestado y se pudo celebrar el proceso. En el tribunal, esa anciana
diminuta miró a los ojos al peligroso criminal, lo señaló con el
índice huesudo y, con voz firme, lo acusó de ser el autor intelectual del homicidio de su hijo. Después, en voz baja, cuando pasó
por delante de él, le susurró:

—¡Bellaco!

Y Tano Badalamenti bajó la mirada.

—Fue condenado a cadena perpetua y, para mí, ese 11 de
abril de 2002 fue como si mi hijo hubiera resucitado —concluía
con serenidad—. Se hizo justicia. Quiero leerles algo hermoso.
Lo escribió Peppino —dijo. Y con la cabeza nos indicó la pequeña habitación a sus espaldas. Como si Peppino estuviera en

el otro recinto. Como si lo acabara de escribir. Se acercó la hoja a los ojos cansados, se acomodó los anteojos, se los puso en la punta de la nariz y leyó—: "Si se enseñara la belleza a la gente, se le daría un arma contra la resignación, el miedo y el silencio impuestos por la mafia. Si se enseñara la belleza, hombres y mujeres no instaurarían más la costumbre y la resignación, sino que permanecerían siempre vivas la curiosidad y la capacidad de sorprenderse".

Felicia contaba siempre de buen grado la historia de Peppino. Hablaba de él, pero, a veces, parecía que hablara con él. Y quizá justamente por esto seguía contando su historia.

El agua y las rosas
No a las mentiras:
Anna Politkovskaja
2006

Yo vivo la vida y escribo lo que veo.

Anna Politkovskaja

 La ancianita vestía un desteñido abrigo celeste, que debía tener más o menos la misma edad que ella. Calzaba un par de zapatones negros, pesados, como los de los soldados. Hacía mucho frío y, para resguardarse, llevaba una bufanda enrollada en la cabeza, como lo hacen muchas mujeres en Rusia. La bufanda le cubría completamente la cabeza, pero le dejaba descubiertas dos mejillas rojas, como esas que pintan en las matrioskas, y un par de ojos de hielo, muy serios.

Con pasos cortos pero veloces, subió la vía bordeada de abedules. En el brazo izquierdo llevaba una bolsa de plástico del supermercado. Debajo del otro brazo llevaba apretada una carpeta anaranjada, una de esas que se usan para guardar documentos. Se detuvo frente a la tumba de Anna Politkovskaja. Estuvo ahí por un momento, con las piernas pesadas hundidas en la nieve. De la nariz jadeante salían enormes nubes de vapor. Cuando recobró el aliento, se acercó a la tumba. Miró la foto. La mujer retratada vestía una elegante blusa blanca, tenía el cabello muy claro y liso, bien peinado. La mirada limpia de quien mira siempre a los ojos.

—Escogieron una foto bella —dijo la viejecita—. Me gusta tu mirada. Aquí alrededor está lleno de lápidas con fotos de gente que sonríe. No me gustan. Cuando muera, quiero que mis hijos escojan una foto mía donde esté seria. No creo que tenga algo de qué reírme. Además, ni siquiera sé adonde han ido a parar mis hijos. Un día de estos me hago fotografiar y me aseguraré de mirar directo al objetivo de la cámara. Tú sí que sabías mirar las cosas. Y sabías contarlas.

Con el dorso de la mano retiró un poco de nieve del murito bajo que rodeaba la sepultura y se sentó. Abrió la carpeta y empezó a sacar un montón de páginas de periódico. Eran recortes.

—¡Antes de ti, casi no leía los periódicos! Pero tus artículos me los leí todos y los conservé. Eras la única periodista que lograba explicarme de verdad qué estaba sucediendo en nuestro país.

Miraba cada recorte de prensa como si pasara las páginas de un álbum de recuerdos. Después de la caída del Muro de Berlín y del fin de la Unión Soviética, Rusia vivió cambios velocísimos, con frecuencia violentos. Esa periodista contaba con palabras claras solo lo que veía y podía tocar con sus manos. Emprendió viajes peligrosos, sufrió amenazas, arrestos, violencia. Incluso trataron de envenenarla, pero ella no se detuvo. Toda esa oposición contra su trabajo la convenció: ella estaba en lo correcto. Si alguien trataba de hacerla callar, era solo por el hecho de que ella estaba contando una verdad "incómoda". Como, por ejemplo, la guerra en Chechenia.

—Antes de que tú hablaras, no sabía ni siquiera dónde estaba Chechenia —retomó la mujer—. Me guiaba por los noticieros de la televisión. Contaban que había rebeldes peligrosos que derrocaron el Gobierno de ese Estado, que nosotros los rusos nos vimos obligados a intervenir para restaurar el orden. Y yo les creía. Pero tú fuiste allá. Y viste que las personas comunes y corrientes eran las víctimas. "Todos los chechenios son terroristas", decían los rusos. Y trataban como tales incluso a las mujeres y los niños. Volviste y nos lo contaste. Tú sola. Por esta razón, hace tres días te asesinaron.

En la tarde del 7 de octubre de 2006, la periodista estaba volviendo a casa, después de haber hecho el mercado. Un asesino a sueldo le disparó cuatro balazos mientras salía del ascensor.

—Cuando lo supe, decidí que vendría acá para traerte esto.

La viejita señaló la bolsa del mercado a sus pies.

—El 23 de octubre de 2002 fue uno de los días más negros de nuestra historia. Ese día un comando de terroristas chechenos entró en el teatro Dubrovka de Moscú. Si el ejército ruso no se retiraba de su país, Chechenia, habría una masacre. Eso dijeron. Tres días después, los servicios secretos rusos irrumpieron en el teatro. Mataron a los secuestradores, pero muchos de los secuestrados murieron también en esa desdichada irrupción. Fue una carnicería.

La mujer se restregó con fuerza los ojos, como si quisiera alejar de sí esa horrible imagen.

—Fue entonces cuando te vi por primera vez, en televisión. Te leía desde hacía tiempos, pero nunca te había visto. Te reconocí de inmediato por la mirada. Te ofreciste a entrar sola en

el teatro para hablar con los terroristas, para convencerlos de
que fueran razonables. Mientras te entrevistaban, noté que te-
nías contigo recipientes de agua para los rehenes. Nadie pensó
en eso. Mientras el mundo hablaba de los rusos y los chechenos,
los rehenes y los terroristas, solo tú recordabas que allí adentro
había… personas.

La viejita trato de levantarse del murito, pero las piernas se
negaban a seguir su deseo. Las palmeó con fuerza, para desper-
tarlas del adormecimiento. Funcionó. Abrió la bolsa del mercado
y extrajo algunas botellas.

—No puedo permitirme comprar flores, pero sí puedo traer
agua —dijo la mujer—. Llené las botellas en la fuente de mi

pueblo y las traje hasta aquí para ti, Anna. Porque tú no te limitabas a contar lo que veías. Tú luchabas contra las mentiras de los periódicos y de la televisión, que tienen miedo de los poderosos. Eras nuestra conciencia, cuidabas nuestra humanidad. Siempre que esté viva, te cuidaré de esta manera. De la misma manera amorosa como tú cuidaste la verdad.

Regó las rosas blancas depositadas en la tumba y a cientos de ramos de flores que había alrededor. Volvió a meter las botellas vacías en la bolsa y los recortes de prensa en la carpeta. Apretó bien los nudos de sus zapatos. Se despidió de la foto y reanudó su regreso a casa.

Ruta hacia la playa
No a la ignorancia: Malala Yousafzai
10 de diciembre de 2014

El químico sueco Alfred Nobel tuvo en su vida dos ideas geniales: una, en la segunda mitad del siglo XIX y, la otra, al final del mismo siglo. La primera fue la invención de la dinamita, que lo volvió millonario. La segunda le permitió no pasar a la historia como el inventor de la dinamita, como un cínico "mercader de muerte", sino que creó un premio con su nombre, para asignar anualmente a las mentes más luminosas en el campo de la ciencia y el arte, a hombres y mujeres que estaban comprometidos con la mejoría de la vida de la humanidad entera. Este último premio, el de la Paz, con el tiempo se convirtió en el más prestigioso y deseado. Desde 1901, nadie nunca más asocia el nombre de Nobel solo a la dinamita. Entre las personalidades galardonadas con el Nobel de la Paz están Martin Luther King, el dalái lama, Nelson Mandela y Aung San Suu Kyi.

Como cada 10 de diciembre, también en ese año, el 2014, el salón de gala del municipio de Oslo estaba decorado para la fiesta. Todas las cadenas de televisión y de radio estaban listas para transmitir las imágenes y las palabras del otorgamiento del Premio Nobel de la Paz. Pero ese año algo extraordinario estaba por suceder.

Cuando sonaron las trompetas, los dos ganadores hicieron su ingreso en el salón: el primero en entrar fue el indio Kailash Satyarthi, un hombre que se batió valerosamente contra el trabajo infantil. Después de él, apareció Malala Yousafzai. Era una joven, casi una niña, con los ojos grandes, el rostro redondo y un hermosísimo velo rojo que lo enmarcaba.

Con solo once años de edad, Malala había comenzado su lucha por los derechos de los niños y las mujeres en Pakistán, su país. El valle del Swat había sido ocupado militarmente por un grupo de guerrilleros violentos: los talibanes. Ellos consideraban que el Corán, el libro sagrado de los musulmanes o, más bien, la interpretación amañada que ellos le daban, era la única ley que se debía seguir y la imponían con la fuerza de las armas.

Demostraron ser particularmente insidiosos en contra de las mujeres, a las cuales les negaban todos los derechos. Entre ellos, el de la educación, que, para los talibanes, era derecho exclusivo de los varones. Malala decidió continuar asistiendo a la escuela, escondiendo los libros bajo el velo que usaba y corriendo todo tipo de peligros. Además, decidió denunciar al mundo entero lo que estaba sucediendo en su país. Así que empezó a escribir artículos para un importante medio británico. Pronto sus palabras llamaron la atención de Occidente y, pese a su corta edad, ya daba entrevistas a los periodistas de todo el mundo. Sus palabras eran importantes. Y llegaron a oídos de los talibanes, quienes ya la consideraban una enemiga.

En 2012, dos hombres armados se subieron al bus escolar que estaba llevando a Malala de vuelta a su casa, después de clases. Le dispararon a la cabeza y al cuello, hirieron a dos amigas suyas y huyeron.

Milagrosamente, Malala logró salvarse. Después de una larga serie de cirugías en el hospital Queen Elizabeth de Birmingham, se restableció. Y el primer mensaje público que envió estaba dirigido a las personas que atentaron contra su vida:

—Si pensaban que nos iban a silenciar con sus proyectiles, ¡no lo lograron!

Dos años después, Malala estaba en Oslo retirando el Nobel por la Paz. Al quinto llamado de las trompetas, toda la sala se puso de pie. La familia real tomó sus puestos.

Finalmente Malala llegó al podio para dar su discurso de agradecimiento.

—Estoy muy orgullosa de ser la primera pastuna, la primera pakistaní y la primera joven en recibir este premio. Estoy segura de que también soy la primera ganadora del Nobel que todavía está de pelea con su hermano menor —dijo Malala, arrancando una sonrisa en el público.

En la primera fila estaban sus amigas, en sus espléndidos y coloridos vestidos. Malala había compartido con ellas el amor por el estudio. Un amor que debieron transformar en valor.

—En el valle del Swat destruyeron más de cuatrocientas escuelas. Impidieron que las muchachas fueran a la escuela. Mataron a gente inocente. Todos hemos sufrido. Y nuestros sueños se convirtieron en pesadillas —declaró con voz firme y cargada de indignación.

En su valle, ahora, la educación se perseguía como si fuera un crimen, que con frecuencia se pagaba con la muerte. Con voz firme y con determinación, Malala continuó:

—Hoy estoy aquí en representación de estos sesenta y seis millones de muchachas que no podemos ir a la escuela. A quien me pregunta que por qué considero así de importante la educación, siempre le respondo que un niño, un maestro, un lapicero y un libro pueden cambiar el mundo.

Le quedaban pocos minutos a disposición para enviar un mensaje a la humanidad. Malala sabía bien qué decir. Quería que una historia como la suya no volviera a suceder nunca más. Y habló de su sueño: un mundo que respeta los derechos de los niños.

—Que sea la última vez que un niño o una niña pasen su infancia en una fábrica —dijo—, que sea la última vez que un niño inocente muera en una guerra. Que sea la última vez que a una niña se le enseñe que la educación es un crimen y no un derecho. ¡Empecemos estos finales!

En el curso de la historia, el hombre ha logrado llegar a la Luna, pronto tocará el suelo de Marte. Pero todavía hay tantos retos que superar aquí en la Tierra… Muchas injusticias que combatir, muchos finales que deben ser escritos. Con ese discurso, Malala Yousafzai, una niña, le dictó al mundo las prioridades que se deben ejecutar. Desde el palco, gracias a Alfred Nobel, todo el mundo pudo escucharla.

El invasor

NO A LA RESIGNACIÓN: STEPHEN HAWKING

1942-2018

Stephen Hawking vivió hasta los 76 años. Y podía hablar. Todo esto es extraordinario y ni siquiera la ciencia logra explicar ese misterio. Un misterio encerrado en su cuerpo. El cuerpo es un país que con el tiempo aprendemos a explorar. Pero puede suceder que este vasto continente se transforme en un desierto inhóspito del cual es imposible huir. De repente, es como si un enemigo lo ocupara. Un invasor terrible que debemos combatir o, al menos, del que debemos defendernos.

Y esto fue exactamente lo que le pasó a Stephen Hawking. Nunca había sido un deportista, nunca tuvo aquello que llaman "un cuerpo macizo". Fue un joven delgado y anguloso, y bajo la espesa cabellera rojiza se veían un par de anteojos enormes de marco oscuro y una gran sonrisa torpe. Pero como en los prestigiosos *colleges* ingleses era muy importante el deporte, también él encontró su especialidad: de hecho, durante los concursos de canotaje hacía de timonel. Y le salía bastante bien aquello de marcar el tiempo a los remadores y de exhortarlos para que se esforzaran al máximo.

Stephen tenía cierta habilidad manual y desde chiquito lograba desmontar y reparar los relojes despertadores y los radios, con gran rapidez. Le gustaba observar los mecanismos, las válvulas, los circuitos. Por esta razón, sus padres le pusieron el sobrenombre de "Einstein". Esas eran las primeras señales de una curiosidad científica que, con el tiempo, daría importantes resultados.

Después de un inicio de estudios no precisamente emocionante, Stephen se graduó con las mejores calificaciones en Física, en Oxford. Luego, empezó a interesarse en la cosmología y pronto para todos fue claro que se convertiría en un investigador importante. No obstante, desde hacía un tiempo empezaban a sucederle extraños accidentes. De tanto en tanto era como si el cuerpo, sin ningún aviso, lo abandonara. En esos momentos se caía al piso y no lograba siquiera poner las manos para protegerse de la caída. Un día se dio cuenta de que no podía amarrarse los cordones de los zapatos. Era el año 1963, tenía un poco más de veinte años. Decidió consultar a un médico. Después de un análisis atento de su caso, le diagnosticaron una rara enfermedad: esclerosis lateral amiotrófica.

El médico le explicó que, a medida que pasara el tiempo, se sentiría cada vez más débil, hasta que su cuerpo quedara completamente paralizado. No podría siquiera hablar, tendría dificultad incluso para respirar. El corazón, los pulmones y el cerebro seguirían funcionando, pero sería imposible para él comunicarse con el mundo exterior. En esas condiciones, podría sobrevivir dos años, quizá un poco más.

Un feroz invasor estaba por ocupar y vencer su cuerpo. Por un tiempo, lo tendría como huésped y, luego, clavaría un estandarte negro en el centro de su corazón. Quizá debía asumir esa noticia como lo sugerían algunos monjes de la Antigüedad: con resignación. Aceptar la realidad tal y como era, ya que no había nada más qué hacer.

Pero ¿de veras debería sufrir simplemente la desdicha de esperar a que la enfermedad avanzara y ya? ¿Y si se podía hacer algo? ¿O si se pudiera inventar alguna solución?

Cuando se tiene un objetivo, de repente el tiempo se convierte en un aliado. Se vuelve más amable y acuden en nuestra ayuda nuevas energías insospechadas. Es la fuerza de voluntad que reacciona y se impone.

El cuerpo lo abandonó rápidamente y pronto Stephen tuvo que vivir en una silla de ruedas. Pero no se dio por vencido, decidido como estaba a combatir hasta el final. Además, porque no estaba solo en esta batalla. A su lado estaba Jane Wilde, su esposa, pendiente de él, valerosa y muy ingeniosa. Con el tiempo, juntos lograron modificar las rutinas de su vida. Stephen redujo al mínimo indispensable sus movimientos y evitó todo esfuerzo físico. Con obstinada voluntad y un feroz apego hacia la vida, logró reconquistar parte del "territorio" a su "enemigo". Y aunque ya estaba mudo, y casi totalmente paralizado, logró hablar.

Todavía podía gobernar sobre un pequeño músculo de la mejilla. Stephen lograba contraerlo y relajarlo a voluntad. Aprovechando los progresos que entretanto hizo la tecnología, los científicos le diseñaron un sofisticado computador. Aplicaron un sensor en el músculo sobreviviente, un dispositivo microscópico capaz de registrar las contracciones. Cada una de ellas correspondía a un clic que enviaba al computador. Un cierto número de clics correspondía a una letra. Cuando el computador recibía ese impulso, reconocía la letra y la transcribía. De esta manera, Hawking pudo escribir sus libros, seguir estudiando y comunicándole al mundo sus ideas sobre física, matemáticas y sobre el origen del universo. En los últimos años de su vida, nuevos programas de computador podían leer sus palabras. Y pudo hablar, a través de una voz pregrabada.

Pasaron más de cincuenta años desde que el enemigo plantó su bandera negra en su cuerpo. Probablemente se trató de un enemigo, en verdad, raro y taimado. Pero la obstinación de Hawking, si bien no venció a ese terrible invasor, sí logró domarlo.

Vive hasta el fin

Una vez más *no*: Mahvash Sabet

Hoy

Todas las historias que has leído hasta ahora están escritas en pasado. Esta última es en tiempo presente, porque cuenta una injusticia que se está cometiendo en este instante.

Mahvash Sabet es una mujer iraní que desde el año 2008 permanece recluida en la cárcel de Evin, al noroeste de Teherán. Mahvash es una maestra, una poetisa y de confesión bahaí, una religión cuya práctica está prohibida en su país. Por este motivo la arrestaron y en el año 2010 fue condenada a veinte años de cárcel, que después redujeron a diez.

En los primeros meses que pasó en prisión, Mahvash logró componer nuevos poemas y sacarlos de la cárcel. ¿Cómo lo hizo? No lo sabemos, ni sabemos mucho más de ella. Viéndolo bien, esta fue la peor pena a la que pudo ser condenada. Después de privarla de toda libertad, le impidieron incluso expresar sus ideas.

El 16 de octubre de 2016, por primera vez, le concedieron una licencia de diez días, durante los cuales pudo reencontrarse con su familia para volver a abrazarla. En esa ocasión sus amigos le tomaron una fotografía. En ella tiene el cabello largo, ya canoso. Entre las manos sostiene un gran ramo de flores, sus ojos son luminosos y sonríe con esa sonrisa suya que transmite serenidad. Con esa foto frente a mí, un día escribí dos cartas. La primera la dirigí al Gobierno iraní, para pedir la liberación de Mahvash. La segunda se la escribí a ella.

Esta fue la carta:

Querida Mahvash:

La absurda condición que nos imponen en estos tiempos prevé que sea yo quien te escriba una carta que no podrás leer y a la cual no podrás responder.

Quisiera escribirte una carta "útil", una carta con muchos sobres para abrir, llena de palabras buenas, que le den fuerza a tu voz, color a tus razonamientos, el silencio adecuado para pensar, papel fino en el cual trazar con los lápices bien afilados. Pero más que todo me gustaría organizarte un buen plan de fuga, porque no veo motivo alguno por el cual tú debas estar en la cárcel. Debo confesar que creo que no hay ni un solo motivo válido para encarcelar a ningún ser humano.

El simple hecho de que persistas en vivir es el no *más poderoso que puedes decirle a cualquiera que te mantenga en una cárcel. Tú eres quien nos enseña a librar la batalla más difícil, la definitiva: no ceder ni un solo centímetro de nosotros mismos, a estar verdaderamente vivos, a vivir hasta el final. Por esto te agradezco, con la esperanza de conocerte pronto, libres en un país libre, libres en un mundo libre.*

Vive hasta el final.

Quizá, ante tantas solicitudes de liberación, los carceleros de Mahvash reconsideren su decisión. Es necesario oponerse a esta injusticia. Si lo deseamos y ponemos manos a la obra, no hay muro que no se pueda derribar, no hay injusticia que no se pueda vencer[1].

---

[1] N. del E.: En el momento en el que el autor escribió este libro, Mahvash Sabet seguía en la cárcel, pero fue puesta en libertad el 18 de septiembre de 2017.

A manera de despedida

Al final de todas estas historias, volviendo a pensar en las injusticias que mujeres y hombres han tenido que afrontar, quizá te estés preguntando: "¿Cómo es posible que sucedan tales cosas? ¿Cómo es que alguien cree que un hombre o una mujer es inferior a otra persona? ¿A quién se le ocurre matar a alguien para silenciarlo? ¿Por qué se les quitaron a tales o cuales personas el derecho a la felicidad?".

Me imagino que algunas de estas injusticias te parecieron "incomprensibles". Eso es un buen signo. Perteneces a una generación que rechaza esas costumbres, prepotentes y peligrosas entre los seres humanos. No obstante, las injusticias todavía suceden, en todas partes del mundo. También te sucederá alguna injusticia, un día de estos, y tendrás que afrontarla.

Si estás preguntándote: "¿Tendré el valor de enfrentar la injusticia? ¿Cómo sabré cuál será la manera correcta de hacerlo?", te aconsejo hacer este experimento:

Asómate a la ventana y mira a la gente que pasa. Obsérvalos con atención y pregúntate no quiénes son o adónde van; pregúntate qué sientes por ellos. Si te deja indiferente la pregunta, bueno, de pronto todavía no estás listo. Pero si en cambio este espectáculo te divierte, si ves en cada ser viviente un compañero de viaje, si percibes el deseo de "cuidar al otro", si sientes que compartes con él o ella sueños, miedos, esperanzas y pasiones, entonces puedo decirte que el experimento tuvo éxito. Ya sabes qué hacer.

Escanea el siguiente código QR para leer el primer capítulo de *Ellos dijeron sí*.

En este libro se emplearon las familias tipográficas
Aldine721 Lt BT de 13 y 24 puntos, Optima Bold de 18 puntos,
Poppl-Laudatio Medium de 30 puntos, Poppl-Laudatio Regular de 18 puntos,
y se imprimió en papel Coral Book Ivory de 80 gramos.